"促进主动学习的英语阅读课堂教学改进行动"丛书

Action Research Series on Facilitating Active Learning in the EFL Reading Classroom

■ 丛书主编 葛炳芳

U0647102

主动学习视阈下的
英语阅读教学：师生责任

Facilitating Active Learning in the EFL Reading Classroom:
Teacher-Student Responsibilities

◎ 俞永恩 蔡 红 沈剑蕾
俞坚峰 言金莉 著

ZHEJIANG UNIVERSITY PRESS
浙江大学出版社
·杭州·

图书在版编目（CIP）数据

主动学习视阈下的英语阅读教学. 师生责任 / 俞永恩等著. — 杭州：浙江大学出版社，2025.6（2025.10重印）. —（"促进主动学习的英语阅读课堂教学改进行动"丛书 / 葛炳芳主编）. — ISBN 978-7-308-26243-9

Ⅰ. G633.412

中国国家版本馆 CIP 数据核字第 20251JV018 号

主动学习视阈下的英语阅读教学:师生责任

俞永恩　蔡　红　沈剑蕾　俞坚峰　言金莉 **著**

责任编辑	陶　杭
责任校对	王同裕
封面设计	刘依群
出版发行	浙江大学出版社
	（杭州市天目山路 148 号　邮政编码 310007）
	（网址：http://www.zjupress.com）
排　　版	大千时代(杭州)文化传媒有限公司
印　　刷	杭州杭新印务有限公司
开　　本	880mm×1230mm　1/32
印　　张	4.75
字　　数	134 千
版 印 次	2025 年 6 月第 1 版　2025 年 10 月第 2 次印刷
书　　号	ISBN 978-7-308-26243-9
定　　价	28.00 元

丛书总序
FOREWORD

2009—2015年浙江省高中英语教研聚焦"基于综合视野的英语阅读教学改进行动"这一主题开展了三轮研究,出版专著15册。该项研究强调了"内容、思维、语言"的融合,也重视阅读策略的体验式学习,其成果获得"2018年基础教育国家级教学成果奖"一等奖。我有幸为这套专著写过三篇序。当时我的心情无比兴奋,就好比在"教材难度大""应试压力大"的阴云笼罩下看到了光芒,使我对英语教育发展增添了信心。

根据教育部颁布的《普通高中英语课程标准(2017年版2020年修订)》(简称"课标")编订的高中英语教材已经投入使用了数年。我曾亲耳听到一位资深的英语教师说,尽管教材按照课标的精神要求培养核心素养编写,实际上课堂上还是"满堂灌,忙刷题"。这多少有点令我感到心凉。然而,去冬今春我陆续收到了浙江省教育厅教研室葛炳芳老师发来的"促进主动学习的英语阅读课堂教学改进行动"丛书书稿,研究课题为"主动学习视阈下的英语阅读教学",共设六个分题:1.理论与实践,2.自主提问,3.活动参与,4.回应所学,5.意义建构,6.师生责任,共六册书。数十位作者都很年轻,但都热情好学、勤奋读书、联系实际、钻研教学、集体磨课，以求最大限度调动学生的主动学习积极性。这些教师虽然年轻，可站得高、望得远、钻得深、干劲足，他们的课例几乎运用了人教版高中必修和必选的阅读与思考板块的全部课文。而且任课老师不怕评判，反复打磨，直至课题组成员都感到满意为止。我拿到这套书时正值数九寒天之际，而看到他们这种顽强拼搏的精神恰似初春的阳光温暖了我这颗年迈的心，也又一次扫除了我心中的雾霾。

这套书集中反映了近几年浙江省的一线老师利用新教材在贯彻高中英语课标精神的实践中的新创举，主要在原有的"英语阅读教学综合视野"理论的基础上，进一步开展了英语阅读课堂教学中学生主动学习能力培养的实践与研究。这完全符合教育部颁发的课标中提出的为立德树人，培养语言能力、文化意识、思维品质和学习能力核心素养的要求。英语教育中的知识和能力维度得到重视，以主题意义加工为核心的课堂教学思路得到认可，英语学习活动观得到贯彻，"教—学—评"一体化的理念得到广泛认同。梳理高中英语课标，我们发现，无论是"核心素养"，还是"教学建议"中提及的实施意见，归根到底，是要求广大教师重视培养学生主动学习、自主学习的能力。学生学会学习是学校教育的根本任务。

从研究教师的教到研究学生的主动学，这是一个不小的变革。自古以来，我们的课堂上一贯是老师教学生学、老师问学生答，其实，我们的先人孔子也曾鼓励弟子"敏而好学，不耻下问""博学而笃志，切问而近思"。然而，千百年来的科举制度遗毒未尽，至今应试教育致使课堂上仍然存在花大量时间刷题以应对高考的现象，哪能让学生主动发问并发表自己的独立见解啊！要知道，我们与西方教育的不同之处在于我们的学生勤奋好学、聪明善记、尊师重教，而独立思考、发现、发问、动手实践能力逊色。这也许是近百年我国科技落后的原因之一吧。为了彻底消除教育中的弊病，随着改革开放的深入，我国的教育不仅从突出智育转变为突出素质，而且当下提出为了发展新质生产力，教育亟须深化改革：课程体系更新、教学方法创新、评价体系改革,实现教育公平,开展国际化教育,培养具备探索未知世界的自主创新精神。可喜的是,目前高考制度也在改革,减少了唯一正确答案的试题,增加了跨文化语篇、考查独立思考和语言运用能力的试题。这对课堂教学改革产生了正能量。"主动学习视阈下的英语阅读教学"课题研究就是在这样的背景下进行的。

此课题的领导者葛炳芳老师首先从理论上阐述了主动学习能力是学生学习过程中的一种策略,是学习的体验,是心理活动,也是对自身能力的认识。它能使学生将新知与已知联系起来形成新的理解,能提高学习的兴趣,并提高学习的动机和信心。培养主动学习能力就要强调学生在课堂教学中的自主提问、活动参与、回应所学和意义建构等学习活动和过程,并以师生责任平衡去调整教与学的行为。这一理论,涉及英语阅读课堂教学的方方面面。葛老师在书中引用了马瑾辰老师的生动课堂教学,验证了该书所倡导的理论。

我虽不能亲临现场观摩课堂教学,但是丛书中的教学课例让我受益颇多。首先,我了解到教师如何以情感支持和鼓励提高学生的自主提问意识,并引导他们思考文本主题、内容、语体、语篇和语言、修辞等,设置疑问,互动探讨。学生由浅度思维提升为深度思考,由"不想"到"会想"到"善提问"。这无疑是教改中的一大进步。

除了要培养学生的自主提问意识,还要围绕主题意义,结合实际设计有层次性、关联性、综合性、迁移性、有效性的活动。为了激发学生积极主动参与,在意义协商中主动建构和完善自身的知识体系,活动必须给予学生尊重感、安全感、归属感和价值感,维护其主体地位。活动设计需要师生共建、同伴分享、小组合作、多维互动。活动形式多样,如小组讨论、角色表演、观看影剧、对话演剧等,此外,还可以采用比赛和评价的形式。

回应所学不是对教学内容的简单复述,而是通过内化所学知识,以深刻且富有见解的方式进行表述。为使学生进行综合性的回应,迁移和夯实所学内容、语言和提高思维能力,要设计引人入胜的语境,如运用多模态教学模式,可视性方式(绘图、思维导图等),采访,做项目等。书中有许多生动的例子,让学生在学习过程中进行有效监控、调整、协商、建构,最终理解主题,创建实践性强并具有创新思维的活动。

意义建构的过程中学生需要独立思考,主动探索文本,与文本进行多维对话和意义协商,形成对问题的观点和见解,构建对文本内容和主题意义的理解并表达"新"的思想。阅读中运用建构主义理论要求教师给予学生无干扰阅读的时间和空间,并适时给予指导,使学生能够自行梳理细节信息,对语篇内容进行深刻理解、阐释分析、判断推理等意义加工,亲历思考、比较和体悟。

主动学习视阈下的英语阅读教学中,师生的责任有所改变,教师由讲授者转为引导者,有协商、组织、激励、营造支持性环境的责任;学生由被动接收者转为主动探索者,自主阅读、思考提问、建构新知、感悟主题意义、创新表达。确定了 RIAE[①] 英语自主阅读教学路径,即"激活与关联"、"释疑与建构"、"评价与批判"及"运用与表达"。此外,教学反思与改进,不仅强调教师的反思和评价,更包括学生的反馈机制,使形成性评价得到真正的落实。教师设计符合学情的教学目标有利于因材施教,教师多样化的亲切语言会令不同层次的学生产生终生难忘的情感反馈。

课题研究组运用了大量的课例来验证上述理论。我饶有兴趣地阅读这些课例时,时常为其中精彩的段落所感动,特别是看到有的学生流畅地用口语或文字表达自己的见解时,我情不自禁地拍案叫好。对于教师提供的有效支架我也在批注中加以点赞。我多么希望能看到更多类似的教师研究行动,不仅限于听读理解,还有说写表达;不仅限于阐述,也要有辩论,更多地开展项目活动以发现学生的多元智能和创新思维;不仅有课本阅读,还有更多的学生自选的泛读。我还希望学生能利用多媒体资源、在线平台进行个性化学习,并利用选修

---

① RIAE:英语自主阅读教学路径,即 Relate(激活与关联)—Interpret(释疑与建构)—Assess(评价与批判)—Express(运用与表达)。

教材以充分发挥其自身的潜力。

近来,浙江等地在人工智能领域取得的成就举世瞩目,这表明,具有五千多年文明史的中国人不只会追赶,而定会超越西方,为世界做出更大的贡献。我坚信浙江省的基础教研工作者在已有成就的面前不会止步,而会继续砥砺前行,创造出更多成功的经验,为建设教育强国添砖加瓦,贡献自己的力量!

刘道义

2025 年 2 月 23 日

前　言
SERIES EDITOR'S PREFACE

　　阅读文本之器,是字词句篇之形。读者依赖字词句篇、语修逻文,解码理解,加工意义;阅读文本之道,是人文生命精神。阅读,是感知、唤醒、体悟和激发;其对象,不仅仅是言语,更是思想、情感,甚至是精神创造。阅读是一个动态的意义建构过程。英语阅读教学中,学生要成为主动的阅读者和意义加工者。从教师的角度看,就是要在设计阅读教学活动时充分关注学生的安全感、归属感、尊重感、方向感,这是扎实开展自主学习、培养学生主动学习能力的前提。

　　2009—2015 年,浙江省高中英语教研牢牢抓住"阅读教学"这个"牛鼻子",开展了三轮课题研究,出版专著 15 册,成果《基于综合视野的英语阅读教学改进行动》,获得"2018 年基础教育国家级教学成果奖"一等奖。该成果以"文本解读"为逻辑起点,以突破"教什么"带动英语阅读教学的改进。2023 年初,由我负责的"促进主动学习的英语阅读课堂教学改进行动"被立项为浙江省重点教研课题(课题编号:Z2023033)。我省的英语阅读教学研究又以"学习能力"为突破口,将显性的研究重心移到了"怎么教":培养学生主动学习的能力。

这一研究由以下六个主题组成（括号内为各小组成员，其中第一位为组长）：

1. 主动学习视阈下的英语阅读教学：理论与实践（浙江省教育厅教研室葛炳芳）

2. 主动学习视阈下的英语阅读教学：自主提问（桐乡市凤鸣高级中学庄志琳、宋颖超、邓薇；桐乡市第二中学苏克银；桐乡市高级中学翁雨昕）

3. 主动学习视阈下的英语阅读教学：活动参与（金华市教育教学研究中心徐钰；浦江县教育研究与教师培训中心洪燕茹；浦江中学楼优奇；金华市外国语学校丁亚红；金华第一中学琚玲玲、张帅）

4. 主动学习视阈下的英语阅读教学：回应所学（温州市教育教学研究院丁立芸；温州中学蔡珍瑞、彭志杨、陈华露、蔡夏冰）

5. 主动学习视阈下的英语阅读教学：意义建构（杭州师范大学附属中学汪向华；杭州第四中学下沙校区印佳欢；杭州师范大学附属中学苏殷旦；杭州第二中学钱江学校马瑾辰；杭州师范大学附属中学丁楚琦）

6. 主动学习视阈下的英语阅读教学：师生责任（新昌县教育局教研室俞永恩；绍兴第一中学蔡红、沈剑蕾；新昌中学俞坚峰、言金莉）

在本研究中，我这样定义"主动学习"：在英语教学中，学生在教师指导下逐步开展自主提问，主动建构意义，主动运用所学建立文本、作者、世界和自我间的关联，表达新思想。这样的学习过程，就是促进学生形成主动学习能力的过程。从教师的视角看，促进主动学习的英语阅读课堂教学改进行动，始于教师对教学材料的深度解读，涉及文本内容从细节理解到概念化再到结构化的梳理和提炼，同时这个过程中的语言学习得到同步考量，并由文本内拓展到文本外进行"出口任务"的设计。在教学活动设计与实施的过程中，教师围绕自主提问、活动参与、回应所学和意义建构，聚焦基于意义加工的语言教学中的师生责任平衡，在不同阶段以不同的方式逐步发展学生的主动学习能力。

　　本研究不仅基于先前的研究而开展,研究的范式和各子课题主题设计的思路也相同。一是研究主题的重合。无论是自主提问、活动参与、回应所学、意义建构还是师生责任,都相互交叉。无论以哪个视角为切入点,都与阅读教学的方方面面有关。二是我们依然采用行动研究的方式,深入常态课堂,以改进课堂教学。特别是我们每次的研讨课都是以所在学校的"教材自然进度"确定开课内容,以落实"做真实教研"的信条。三是继续走"草根"之路,用案例说话,用行动改进说话。四是我们仍以"大课题—小课题"的方式开展研究,平时以小课题组成员的研究为主,但是每半年都组织一次"大课题组活动",每一位成员都精心撰写并反思,并在全体成员面前分享各自的心得体会。

　　与过往课题研究不同的是,本课题研究的阶段性成果,都同步在全省的教研活动中得到推广,同步在全国各地的讲学中介绍,更是同步在全国各类期刊上发表。我们特别感谢《教学月刊·中学版(外语教学)》从 2024 年第 1/2 期合刊起,为我们开设了专栏,每期刊登1 至 2 篇课题组成员撰写的论文。从言语行为的视角,我们可以把包括这些小册子在内的一系列成果看成"主动学习的实践话语(rhetorical practice of active learning)"。

　　本丛书源于我们这个团队的深入研讨和实践改进,源于这个团队的精诚团结和无私奉献,源于这个团队的智慧勤劳和磨法悟道,源于这个团队触发灵感的文献分享、一丝不苟的课例研讨、触动灵魂的研究交流、瞻前顾后的研究作风,源于这个团队两年多来对主动学习或者主动阅读"是什么?为什么?怎么做?做了又怎样?"等问题的不懈思考和实践印证。正是这一切,帮助我们建立和夯实培养主动学习能力的信念,改进阅读教学实践。

　　我国基础英语教育泰斗刘道义先生,自 2009 年的阅读教研课题起都一直关心、支持、教导和鼓励我们踏踏实实做教研。我们在2011、2013、2015 年出版的小册子都是先生写的序。在这次课题研究成果出版之际,先生虽已 87 岁高龄,但仍欣然为我们作序。这实在是我们莫大的荣幸。

　　在本丛书出版之际，我们特别感谢浙江大学出版社基础教育分社的编辑及营销团队，没有他们的帮助，我们的这些研究成果只能是"孤芳自赏"，广大中学英语教师也就没有机会阅读到这些资料，提升自己的英语阅读教学思想。

　　当然，由于作者水平有限，研究精力有限，书中如有不当之处，当由作者负责。敬请读者通过 gbf789@126.com 邮箱与作者交流。

乙巳初春于西溪

本书作者序
INTRODUCTION

　　我们非常荣幸能够参与由浙江省高中英语教研员葛炳芳老师主持的旨在促进学生主动学习的英语阅读课堂教学改进行动研究。本课题组从师生责任的视角出发进行了深入观察与思考。

　　本书共分为五章。第一章简要介绍培养学生主动学习能力的重要性和紧迫性，作为教学活动核心力量的教师应肩负的重要责任，以及当前师生责任平衡方面存在的问题及相关研究成果。第二章阐述课题组在教学实际中观察到的一些典型问题，例如，教师过度重视讲授导致学生学习被动；过分关注教学过程的流畅而忽略学生的生成体验；缺乏有效的协作机制使得师生间、生生间的合作效率低下；支架搭建不足影响学生的表达质量等，并对这些情况进行了剖析。第三章尝试将"扶放有度"的理念应用于实践，提出了 RIAE 英语自主阅读教学模式，即 Relate（激活与关联）—Interpret（释疑与建构）—Assess（评价与批判）—Express（运用与表达），并通过教学片段展示了如何通过这一模式实现从教师主导向学生自主的平稳过渡。第四章记录了一个完整的课例，展示了课题组在研课过程中反复思考与讨论后做出的调整与改进，以说明 RIAE 教学路径在实际教学中的应用。第五章总结课题组研究所得。我们认为，在日常教学活动中，师生关系需不断地调整与平衡。教师应当避免急于求成或盲目放任，而要明确自身角色定位，通过科学合理的途径逐步放手，引导学生成长为主动的学习者。

感谢这两年间课题研究带来的压力与动力，让我们每个参与其中的人都在原有基础上取得了显著进步。特别感激葛老师的指导，使我们体验到看似高不可攀的课题研究也在我们一线教师力所能及的范围之内。同时我们也为有机会和其他课题组的老师们交流，领略他们的智慧而深感幸运。课题组成员有过迷茫时的痛苦，也享受过豁然开朗的欣喜，最终有机会与大家分享一些我们的思考与收获。

鉴于水平有限，对于师生责任的探讨还不够深入全面，书中难免存在瑕疵之处，敬请广大读者朋友批评指正。

俞永恩

2024 年 12 月

目　录
CONTENTS

主动学习视阈下的英语阅读教学：师生责任

第一章

▶▶▶

研究背景

《普通高中英语课程标准(2017 年版 2020 年修订)》
(以下简称"课标")针对英语教学中学生主动学习能力的
培养提出了具体的要求。课标建议教师要注意激发学生
的学习兴趣与动机,引导他们将英语学习与个人未来发
展及国家、社会需求相联系,形成主动学习的内在动力,
通过自我选择、评判和监控,采用自主学习、合作学习和
探究学习等多样化方式,积极运用和调整主动学习策略,
努力提升英语学习效率,以促进自身主动学习能力的发
展,更好地适应新时代英语学习的要求,为终身学习和发
展奠定基础。课标也要求教师将培养学生主动学习能力
作为教学的核心任务之一。具体而言,教师要重视英语
学科育人的重要功能,以发展学生英语学科核心素养为
目标,积极转变课堂角色,从单一的知识传授者转变为学
生学习的指导者、组织者、促进者、帮助者、参与者和合作
者,引导学生发展主动学习能力,使学生真正成为学习的
主人(教育部,2020:79-80)。

阅读教学是提升学生英语学科核心素养的关键途径，也是培养学生主动学习的重要平台。在英语阅读课堂中，"自主学习能力的培养，归根到底是教学过程中教师角色与学生责任的平衡"（葛炳芳，2023：7）。教师协同多元角色为学生提供适时且适度的指导，学生则循序渐进地承担起更多、更具深度与广度的学习责任。尽管课程改革积极推动英语阅读教学向促进学生主动学习的方向发生转变，但在具体实践中，我们发现很多教师对于"师生责任"这一概念存在很多困惑，如"如何把握教师'指导'与学生'主动'的时机与尺度"等。很多教师未能有效地平衡教师角色与学生责任，学生主动学习能力的培养受到阻碍，如教师过度关注讲授导致学生陷入被动学习，过度关注流畅导致学生生成体验缺失；不够关注协作机制导致师生、生生合作低效，不够关注支架搭建导致学生表达低质等。

为平衡高中英语阅读课堂中教师角色与学生责任，落实学生主动学习能力的培养，教师如何有效地"扶"与适时地"放"发挥着关键作用。"教师要践行'学生是课堂的主体'，秉持'教'是为'学'服务的理念，发挥助学、促学功能"，"基于学情，依托导学案、评价量表等思维工具支架，进行有针对性的'扶'，并根据学生的课堂表现适时地'放'"（张楠翕，2023：30，32）。为了促进学生更主动地学习，教师应提供有效的引导与支持，为学生的自主探究、知识建构、技能发展搭建多维框架，综合而又有所侧重地充当指导者、促进者、帮助者、参与者和合作者的角色。随着主动学习活动的逐步深入与学生能力的持续提升，教师要适时减少介入，将认知责任逐步从教师转移至学生，实现"扶"与"放"之间的有效平衡，从而更好地发展学生的主动学习能力和英语认知水平。

　　教师角色与学生责任并非抽象的概念,教学过程中一系列有目的性、具体化的教、学行为直接体现了他们各自的角色与责任,而这些行为恰恰是平衡师生责任的关键因素。在课堂教学中,教师行为与学生行为构成动态的互动系统,二者互相支持、密切配合、协调一致,为学生认知状态的发展变化创造有利条件(盖立春等,2015:52)。在教学情境中,师生双方紧密配合,通过具体的教、学行为,有计划、有组织地开展主动学习活动,共同促进知识建构与意义创生,实现师生责任的有效平衡。与此同时,教师需要对学生课堂行为展开深入、细致且系统的观察,及时调整教师行为,为学生提供更具有针对性和适应性的学习支持,促使学生主动思考、积极探索、勇于实践、善于反思,这对于发展学生主动学习能力具有重要意义。

　　本研究以"主动学习视阈下英语阅读课堂中的师生责任"为核心关切,依托常态化的课堂教学实践,积极探索师生责任关系生态建构的策略与路径。我们基于"扶放有度"的教学框架,尝试平衡学生主动学习过程中的教师角色和学生责任,建构了"Relate(激活与关联)—Interpret(释疑与建构)—Assess(评价与批判)—Express(运用与表达)"为基本过程的 RIAE 自主阅读教学路径,通过具体的师生课堂行为实现师生责任关系的生态建构,促进学生在英语阅读课堂中的主动学习,以完整课例呈现并阐释我们持续的实践改进。

第二章

阅读教学中的师生责任平衡

一、阅读课堂活动中师生责任平衡的现状

教师和学生的活动是课堂教学中最重要的因素。长期以来，教师与学生在交际过程中的角色关系，以及师生课堂话语量的分配比例都存在着不均衡的现象，教师往往占有绝对的课堂优势（王银泉，1999；转引自王艳，2015：7），控制了课堂中学习的话题、内容及过程。随着英语教学改革的不断深化，学生在学习中的主体地位得到更多的重视。越来越多的教师意识到应该调整教学方法，更多地引导学生主动参与课堂学习活动，以培养学生主动思考和独立学习的能力。但从教学行为的角度来看，在英语课堂教学中，教师角色与学生责任的平衡尚未受到足够的重视（葛炳芳，2024：25）。总体上看，教师的课堂控制过强，导致学生习惯被动地学习。这种师强生弱、师主生次现象的形成有着复杂而久远的历史、传统与

文化等诸方面的影响。即使具体到一个教学班,教学活动的开展也受地域与学校文化、教师可支配教学时间甚至其他科目任课教师的风格等多种因素的影响。本课题组仅在高中英语阅读课堂的范畴内去观察与思考师生责任。我们认为在这个小范围里,固然有学生基础、个性、习惯等多种因素的影响,但教师能够对所带班级的学习风格和习惯产生很大的影响。学生在学习过程中的表现很大程度上体现了教师长期以来对他们的训练与锻造,学生所表现出来的责任承担反映了教师对自己角色的定位与把握。所以我们主要关注教师的活动及其对学生产生的影响。从这个角度去观察,我们发现教师在教学实践中主要存在"越俎代庖"和"作壁上观"等问题。该放手的时候不放手,在教学过程中过度关注讲授导致学生学习状态被动,过度关注教学过程流畅导致学生生成体验缺失。该扶助时不扶助,不够关注协作机制导致师生、生生合作低效,不够关注支架搭建导致学生表达低质。

(一)教师过度关注讲授导致学生陷入被动学习

高中英语课标倡导教师实践学习活动观,提出"教师应设计具有综合性、关联性和实践性特点的英语学习活动,使学生通过学习理解、应用实践、迁移创新等一系列融语言、文化、思维为一体的活动,获取、阐释和评判语篇意义,表达个人观点、意图和情感态度,分析中外文化异同,发展多元思维和评判性思维,提高英语学习能力和运用能力"(教育部,2020:3)。因此,在课堂这个舞台上,教师应该更多地扮演好多层次活动设计者和助

> 在课堂这个舞台上,教师应该更多地扮演好多层次活动设计者和助学者的角色,把课堂的主角留给学生来唱。

学者的角色，把课堂的主角留给学生来唱。"在促进学生主动学习的英语阅读课堂中，师生最需要改变的是'说话的机会'，即话语权"（葛炳芳，2024：29）。所以教师要从学生真实的学习与认知需求来设计教学活动，精心组织课堂语言，以便把更多的课堂话语权让给学生，甘居幕后，辅助学生更多地成为课堂的主角。但在实际教学中，很多教师还是迷信自己讲解的魅力，对自己认为重要的内容反复地讲才放心，习惯性地霸占过多的课堂话语权。这必然导致学生处于被动的学习状态中。

【**课例片段 1**】人教版高中英语必修三 Unit 2 Reading and Thinking：*Mother of Ten Thousand Babies*。（本书课例均使用人教版教材文本，下文不再说明）

Activity 1：Activating the prediction

T：Good morning，class！ First，I'd like to share with you a short story. About 100 years ago，a young woman and her friend went on a tiring boat trip from Xiamen to Shanghai to take part in an important examination organized by the PUMC，the Peking Union Medical College. They hoped to become physicians. Can you guess the meaning of "physicians"? How do you know that？

S1：Doctors. Because they hoped to go to a medical college.

T：Right. During the English exam，however，one of the girls suddenly fainted and fell to the ground. The other girl was shocked and quickly looked up to the teachers. However，the teachers present were men teachers，so it was inconvenient for them. If you were the young woman，would you choose to continue the exam or help the friend? Why?

S2: I would choose to help my friend, because life is more valuable than the exam.

T: So you mean life is very precious, right? Good. (*To another student*) What about you?

S3: I would help my friend first and quickly return to finish the test.

T: Well, do you know the young woman's choice? She chose to quit her exam to help her friend. Consequently, she didn't finish the exam. She was sad about it, but she didn't regret her choice. In her mind, her friend's life was more precious than anything else. She thought she had failed the important exam. Unexpectedly, a month later, she received the admission letter from the PUMC. Do you know why? The teachers from the university recognized some important qualities in her, like kindness and quick action. Moreover, she did well in other subjects. Do you want to know more about her? Today we are going to read a passage about her. Now look at the title and the two pictures. What do you expect to learn about her in the text?

Ss: What's her name?

Why did she want to become a doctor?

Where did she work?

How could she become mother of ten thousand babies?

Why did she love the children so much?

【问题剖析】

在该激活预测的环节中,教师精心选择情境、组织语言导入话题,在故事分享的过程中利用上下文猜词等技巧帮助学生学习新知(the PUMC, physician, precious),同时也通过与学生互动引导学生体会林巧稚在当时情境中做出选择的艰难及表现出来的高贵品格,引起了学生阅读文本的兴趣。此活动中教师的用心颇为良苦。

但从师生责任平衡的角度来看,该环节中教师的讲授占用时间过长,投入时间与学习效果不成正比。整个过程中教师滔滔不绝,学生基本充当听众的角色。教师采取的主要策略是"tell",而学生虽然有少许互动,但主要活动形式是"listen"。正如俗话所说的"Tell me, and I will forget.",此类活动属于低效的学习活动。从所达到的实效来看,本环节也没能有效地激活学生主动提问。教师讲述的故事内容集中在林巧稚人生中的一个片段,更多地凸显她的品格,与本文的主题词 Choice 关联不大。前面一大段话并没有为学生的主动提问提供明确的指导,学生得不到更多相关信息的支撑,只基于标题和图片对文本内容所做出的预测比较零散,所提出的问题缺乏广度与深度。

我们应该认识到,教师无法通过大量的讲授帮助学生掌握知识,获得技能,反而会剥夺学生开展主动学习的机会,长此以往,学生会越来越习惯于被动的学习状态。"你很可能不是仅仅通过被告知如何完成任务就掌握了高超的技能。相反,你可能是通过模仿他人的特点、获得同伴的支持以及长时间的大量练习来培养你的专业技能的"(Fisher, Frey, 2013：2)。课堂的时间是有限的,教师讲得越多必然意味着学生能用于主动学习的时间越少。因此,教师需要精简课堂上的讲解,把更多的话语权还给学生。凡是学生通过指导与训练能够承担起的学习或交流任务都尽可能地交由学生去完成。教师要像一位高明的指挥员,通过活动的设计与组织让学生更多地处于主动学习状态中,培养学生主动学习的习惯。

> 凡是学生通过指导与训练能够承担起的学习或交流任务都尽可能地交由学生去完成。

(二)教师过度关注流畅导致学生生成体验缺失

行云流水般流畅的课堂是每一位教师梦寐以求的作品,为此,很多教师精心设计教学环节,从导入到预测,从表层信息的梳理到深层意义的建构,从主题意义的提炼到应用情境的创设,试图让各个步骤紧密衔接,让课堂节奏明快和谐。但美妙高效的课堂常受制于许多条件而难以实现。当课堂活动未如教师所期待般进展时,教师容易感到焦虑与愁烦。有的教师为了保证预定教学任务的完成,会在不知不觉之间加快教学进度,甚至强行裹挟着学生完成所预定的教学步骤。这种过度追求教学节奏流畅的做法会导致学生学习生成体验的缺失。阅读本应是读者与文本深度对话的过程,但在快节奏教学下,学生只能被动跟随教师的思路,无暇体验挖掘文本背后的含义、文化内涵以及作者的写作意图等深层次信息的过程,也没有机会基于自身的认知去提炼主题意义。在这样的阅读课堂中,学生不能真正在阅读中提升语言素养和思维能力,也无法将所学内化为自身的知识与技能。

【课例片段 2】高中英语选择性必修四 Unit 2 Reading and Thinking:*Travel Blog*。

在完成对文本表层信息的梳理后,教师开始引导学生进行主题意义的建构。在这个教学片段中,教师选择的切入口是对 travel 方式的思考。

T：Then what can we learn from his way of travel? Think about what he did to make his travel fruitful.

S1：I'm impressed with his in-depth travel. He didn't get around just for some entertainment. He actually learned much during his travel. For example, he learned to play the didgeridoo.

T：So you mean instead of just walking around and looking at the things, he chose to **experience** the local life there, right?　（教师通过超链接展示"*Experience*"）

S2：He found the country to be multicultural by learning about its history, the migrants and minority cultures.

S3：Before he set out, he made good preparations. He did some research about some iconic sites, local people, food and so on.

T：Yes, he did some **research** before he went on the travel, which proved to be useful. (*Click to show* "*Research*"). Any others?

S4：(*Silence*)

S5：(*Silence*)

T：OK. Does the writer have a clear target before he set out?

Ss：Yes.

T：So he has a clear **target**. (*Shows* "*Target*"). There are so many wonderful things to see and experience that he can't possibly go through all of them，so he chose to include some in his schedule and **abandon others. While in Australia，he ventured** to try new things，like joining in an open-air barbecue，meeting the aborigines and learning didgeridoo. Finally，he learned much from his travel experience.

（随着教学的推进，课件上出现了主题意义结构图，如图 2.1 所示）

图 2.1　主题意义结构图

【问题剖析】

图 2.1 的科学性是存在问题的，但此处暂不作分析。在这个教学片段中，教师基于个人对文本的解读和教学预设强行推进，试图通过对博主旅游经历的研读引导学生探讨更有意义的旅游方式，教师以 TRAVEL 的每个字母作为首字母，串联了博主旅游的特点，希望以此引导学生反思走马观花式的旅游方式。从学生的反应来看，他们对博主的旅游方式印象深刻。

然而，从师生责任的视角来观察，这个教学片段中教师过度掌控了活动的进展，没有给学生足够的时间进行讨论与交流。在课堂中有些师生互动，学生或是会心点赞，或是表达观点，但是总体上还是处于被动听讲或一问一答的状态中。此外，教师所设计的活动是封闭式的，预设了这个讨论活动的最终指向。从学生的课堂反馈来看，他们显然跟不上教师的节奏，所以教师最后把自己已经准备好的结论展示给学生，学生只能生硬地接受教师所建构的结果。"阅读教学是教师指导下的、以学生为中心的学习过程。在这一过程中，学生是信息加工的主体，是意义的主动建构者；教师是意义建构（生成意义）的帮助者、促进者，教学过程需要师生、生生协作完成"（张淑芳，2018：118）。在本堂课中，教师保持了"连贯和流畅"的课堂进程，却剥夺了学生自主思考与生成的机会，因此本质上还是教师硬生生地牵着学生走，而不是学生在主动学习，这违背了以学生为学习主体的教学原则。

带领学生体验学习过程，如主动提问、主动建构意义等，并不容易。这不仅要求教师有教学的智慧，更考验着教师的耐心。在很多的课堂教学活动中，学生看似笨拙、缓慢的进展让急着完成预定教学任务的教师万分焦急。在这种情况下，教师很容易失去耐心，重新回到大包大办的老路上，代替学生解决问题，把现成的答案与结果交给学生。因此，教师要有足够的耐心，在课堂上营造有安全感的课堂氛围，容忍学生在尝试过程中的失误与生疏。

> 教师要有足够的耐心，在课堂上营造有安全感的课堂氛围，容忍学生在尝试过程中的失误与生疏。

【课例片段 3】高中英语选择性必修一 Unit 3 Reading and Thinking：*Sarek National Park*。温州中学蔡老师在带着学生进行了两轮的主动提问及讨论，了解了 Sarek National Park 的一些基本信息以及作者在游记中所感受到的各种经历后，开始引导学生进行更深入的阅读。

T：Besides the experiences, what else does the writer share in the passage? Let's go deeper. Have you noticed some blanks in this page? What are they for?

S1：For titles.

T：Yes. We call them subheadings. Can you match the subheadings with the paragraphs?

(*After two minutes' reading*, *to one student*) Can you share your answers with us?

S2：Part 1：A Summer Where the Sun Never Sleeps.

Part 2：A Land of Mountains and Ice.

Part 3：A Land of Adventure.

Part 4：Man at Peace with Nature.

(*Parts 3 & 4 学生的答案有误*)

T：OK. Why do you think the last part is about "Man at Peace with Nature"? What information supports this subheading?

S2：(*After seconds' pause*) Because of the last sentence. It says, "I am alone under the broad sky, breathing the fresh air." So, it's about "Man at Peace with Nature".

T：OK. What about Part 3? Any information that supports the idea of adventure?

S2：(*After a short pause*) The writer enjoys the traditions of the Sami, and the food.

T：Yes, the writer enjoys the traditions of the Sami. But is it an adventure?

S2：(*Silence*)

T：OK. You may think about it again. Let's listen

to another student.（*To another student*）Do you agree with him?

S3：I don't agree with him. I think Part 3 is about "Man at Peace with Nature"...

【问题剖析】

授课教师在这个教学片段中生动地诠释了她真正把学生当作学习主体的教学理念。在为四段文本寻找合适小标题的过程中,发言的学生给出了错误的答案,但是即便当时有众多教师观摩,教师也并没有为了确保预设教学进程顺利开展而直接否定这位学生的答案,也没有直接把正确答案告诉学生,而是把学生的错误当成了一次更深入理解文本的机会,耐心地引导学生去寻找支撑性的信息。在学生没有正确定位第四部分关键信息时,教师仍然没有失去耐心,而是进一步追问第三段的支撑信息。当学生因为紧张等原因无法自我纠正时,教师依然没有直接把答案告诉学生,而是转向其他学生,最终通过其他学生完成了信息的处理。难得的是,教师无论在用词还是语调上都没有表现出对这位学生"打岔"教学进程的厌烦,而是根据这位学生的回应进行了提示,试图帮助他正确理解和概括文本内容。虽然这个片段耗费了一些时间,但是教师没有把教学设计的预设进程凌驾于学生真实的学习体验之上,而是不断地与学生开展对话式交流,很好地体现了教师所应该承担的"协商者""组织者""激励者"的角色(葛炳芳,2023:8)。

(三)教师不够关注协作机制导致课堂活动低效

在开展促进学生主动学习研究的过程中,我们比以往更深地感受到师生之间、生生之间协作机制的重要性。在传统以教师讲授、学生听讲记笔记为主的课堂中,教师主要关注教学设计是否合理与丰富。从某种意义上说，只要设计好课堂环节，教师就不需要过多担心教学是否能够顺利进展，因为大部分的活动程序是预定的，答案是预备的，即使学生不能很好地完成学习活动，教师还是可以牵着，甚至"抱着"学生走完预设的教学环节。而在促进学生主动学习的课堂中，教师教学行为的有效性更多地需要通过学生的回应来体现。教师的教学过程不是预制式的，而是根据教学过程中学生的动态生成而即时调整的。因此师生之间、生生之间的协作是否能达到默契对于教学活动的有效开展有着重要的影响。

【课例片段 4】高中英语选择性必修一 Unit 4 Reading and Thinking：*Understand Body Language*。

经过第一轮针对浅层信息的提问与回答，了解了 body language 的 function & features 后，教师带着学生朗读了第一段，意图以第一段为示范，带领学生对其他段落进行更深入细致的阅读。为了激发学生的进一步思考，教师鼓励学生进行了第二轮的提问：

T：Do you have any other questions about Paragraph 1？For example，any new words or expressions that you don't understand？

Ss：（*Silence*）

T：No problem？Then I have a question. Can we have another word to replace "interaction"？

S：Communication.

T：Good！Any other questions about Paragraph 1？

S1：（*Silence*）

S2：（*Silence*）

T：Then I have another question for you：What's the writing purpose of the paragraph？

S3：It introduces the topic of body language.

T：Good. Then which is more important，words or body language? How do you know that?

S4：Body language. The word "but" always leads in something more important.

【问题剖析】

在本教学片段中，授课教师为了促进学生的主动学习作了很多的努力。根据学生第一轮主动提问完成对文本信息的初步梳理以后，教师引导学生对文本的深层信息做进一步的探究。在这里我们看到课堂出现了短暂的停滞。虽然教师已经为学生留出了时间，但学生没能跟上教师的节奏。与主动提问及探究比起来，学生显然更擅长回答问题。最终教师采取了作示范、给提示等手段使得教学环节得以推进。在这一段互动中，教师在引导、鼓励、铺垫等方面都没有问题，为什么会出现卡壳的尴尬？我们想部分原因是教师借班上课的缘故：学生不熟悉教师的教学风格与节奏，师生之间协作生疏；更大的原因可能是在日常教学中任课教师缺少类似的训练，导致学生没有形成主动探究的习惯，也没有培养出相应的能力来。

教学活动的高效离不开默契的协作机制。作为教学活动的主导者，教师不仅需要从"教"的方面改进自己的教学设计与实施，还必须从"学"的方面思考如何引导学生担负起相应的责任，更好地开展师生之间、生生之间的合作。为此，教师要舍得走出自己的舒适圈，更新教学理念，根据自己的教学特点开发出个性化、系统化的师生课堂学习行为规范，探索适合不同需求的小组协作机制，比如，各类小组（双人组、三人组、四人组等）的人员搭配，各小组成员之间在常见课内外学习活动中（互查答案、交流观点、同伴互评等)的程序、分工与合作等。通过长期、耐心地养成训练,创建独特的课堂氛围,教师和学生在课堂上形成默契的配合,形成师生合力,提高教学活动的效率。

许多教师可能会有这样的想法:流畅、生动的英语课堂只能在优秀的学校中才有可能出现,因为师生互动需要优秀的学生来配合。所以他们常带着羡慕的目光观摩,却对自己班级难以实现流畅、生动的教学感到无奈。随着课题研究的推进,我们渐渐认识到,主动、有效的学习是可以在每个班级中实现的,

> 主动、有效的学习是可以在每个班级中实现的,无关生源。事实上,生源越是薄弱的学校,就越需要教师去钻研如何激发学生参与课堂活动的积极性与主动性。

无关生源。事实上,生源越是薄弱的学校,就越需要教师去钻研如何激发学生参与课堂活动的积极性与主动性。因为很多学生已经在原来以教师一言堂为典型特征的传统教学模式下给自己贴上了"loser"的标签,沿用"一言堂"的课堂教学模式意味着他们没有"逆袭"的可能性。只有处于教学主动方的教师做出改变,学生才有希望得到某种意义上的救赎。我们坚信,每一个层次学校的教师都可以通过更好地加强课堂内外协作机制的构建与优化,鼓励更多的学生参与各类单独型或合作型的学习活动,提高他们的学习兴趣与主动性。

(四)教师不够关注支架搭建导致学生表达低质

在英语阅读教学中,训练和培养学生的主动表达能力,有利于学科核心素养的提高。学生通过主动表达,能更深入地理解和掌握英语语言结构和词汇,从而提高语

言运用的准确性和流利性。通过表达，学生能够更好地理解和欣赏不同文化背景下的观点，这对于培养他们的全球视野和跨文化交流能力至关重要。主动表达要求学生不仅要理解阅读材料，还要对其进行分析和评价，这有助于培养他们的评判性思维能力。当学生尝试用自己的话来解释和总结阅读材料时，他们对文本的理解会更加深刻，因为这个过程要求他们进行深入思考和信息整合。当学生能够用英语表达自己的想法和观点时，他们会有成就感，这种成就感可以转化为学习英语的内在动力，激发他们继续学习和探索。所以主动表达既是英语学习重要的手段，也是教学的核心目标之一。

对于学生来说，用英语来表达自己的思想，无论是口头表达还是书面表达，都有着相当的难度。得益于科技发展带来的更多、更便利的学习资源以及教师更多的重视，近些年来学生的表达能力有所提高。许多教师在课内外为学生提供了形式多样的表达机会，如：互动式问答、故事复述、小组讨论、角色扮演、口头报告、辩论、小组项目、反馈和评价、课后写作等，但总体情况不容乐观。"冰冻三尺非一日之寒"，这种现状的形成有着很多的原因。客观地说，表达性技能，即说与写的技能培养，比接受性技能，即听、读、看的技能培养难度更大。就阅读课堂中教师的责任而言，我们发现很大的原因是教师没有为表达性任务的完成搭建足够的支架。

【教学片段 5】高中英语必修二 Unit 1 Reading and Thinking：*From Problems to Solutions*。

本文主题是文化遗产，阅读板块围绕 Understand how a problem was solved 展开。文本分析、探讨在修建阿斯旺大坝的过程中文化遗产保护面临的挑战和问题、解决过程和方法，以及修建阿斯旺大坝的精神传承。

阅读课的输出与表达任务常常是教师备课的起点，又是课堂活动所指向的终点。教师希望学生将本课所学应用于新的情境中，以达到检测与巩固本课所学的目的。在本课设计中，教师在 Warming-up 的活动中向学生展示了本地文化遗产"新昌调腔"的一个精彩的演出片段及其面临社会知名度下降、后继乏人等窘境，创设了学习的需求。在学习了埃及文化遗产得到保护的故事后，教师引领学生再次回到保护"新昌调腔"文化遗产的问题，在教学设计上形成了一个"问题需求—问题解决"的闭环。

Activity 5：Creating a rescue project

The government of Xinchang county launched a project to engage the youth in saving Xinchang Diaoqiang（新昌调腔）. Your group is applying to participate. Please work with group members to create a brief plan for the project.

> *Expressions for reference*：
>
> make a proposal, establish a committee, limit damage to, prevent the loss of, ask for contributions, raise funds, investigate the issue, conduct tests, sign a document, bring together, take down, put back, rescue, donate …
>
> government, citizens, scientists, experts, engineers, workers …

【问题剖析】

"理想的读后活动应能够促使学生对主题意义、语言知识、学习策略等课堂所学进行有效迁移"（马瑾辰，2022:55）。在本节课堂活动中，教师发现学生的产出总体质量不高。在内容方面，学生的表达中鲜有保护措施上的迁移与创新；在语言运用方面，学生很少能应用本课所学词汇与句型，且表达缺乏逻辑。在反思中我们意识到我们在该读后任务的支架搭建上出现了问题。教师在教学过程中更多地关注了学生对信息的理解与推断，但缺乏对主题意义相关信息的提取、分类与整理，没有形成结构化的知识体系，不利于学生吸收与应用。在主题词汇与话题词汇方面，教师在布置学习任务时为学生提供了整理好的主题词汇，但这些主题词汇是以整页推出的方式提供给学生的。教师在教学过程中没有有意识地凸显这些主题词汇的学习，学生缺少对于这部分词汇的体验，难怪他们很难将其有效地应用在新的情境中。

因此，教师在设计各类表达性任务时既要从教学内容要求的角度进行设计，同时也要结合学情综合考虑完成任务所需要的支撑性信息。为了更好地确保所布置任务的可行性，教师应该在备课时亲自下场，以学习者的身份体验任务完成的过程及所需要的支架支持，以此来取得第一手的资料，不至于布置出完成度过低的任务。例如，教师计划要求学生根据标题与文本插图就语篇内容与故事情节进行主动提问，那么教师自己应该在阅读文本之前尝试仅根据标题和内容来预测，看看自己能够提出多少问题，在此基础上决定是不是需要为学生提供更多的内容作为预测的基础；教师计划设计一个读后写作任务，就应该在备课阶段自己动手写一篇下水文章，体验写作任务在文本结构、语言和词汇知识、修辞手法以及所需要的时间等方面的需求，然后进行"逆向反推"，以更好地落实到教学活动中。总之，教师不仅从"教"的角度考虑所设计任务是

> 为了更好地确保所布置任务的可行性，教师应该在备课时亲自下场，以学习者的身份体验任务完成的过程及所需要的支架支持。

否能为学生提供一个应用所学的情景,还应该从"学"的角度帮助学生预备、搭建完成任务所需要的支架,提高学生表达的质量和成功率,提升他们的成就感以激发更大的学习热情,逐渐成为"主动、大方、得体、互助的活动参与者"(葛炳芳,2024:26)。

二、促进主动学习阅读教学中的师生责任平衡

主动学习指的是"主动的、学生中心的、参与式的学习"(O'Loughlin,1992:799),强调"学习者自我承担学习责任"(Holec,1981:3),旨在"激发学生更深层次的认知、社会行为和情感参与"(Lombardi *et al.*,2021:17)。课标指出,"'学'是学生在教师的指导下,通过主动参与各种语言实践活动,将学科知识和技能转化为自身的学科核心素养"(教育部,2020:77)。阅读是英语学习的一个重要途径,也是习得语言与培养全方面语言能力的一项重要技能,是英语课程教学的一个重要方面。葛炳芳(2024:53)在综合考虑了诸多因素以后,给主动学习下了如下定义:在英语教学中,学生在教师指导下逐步开展自主提问,主动建构意义,主动运用所学知识建立与文本、作者、世界和自我间的关联,表达新思想。

根据这个定义,教师与学生在阅读课教学中构成了"教师主导—学生主体"的模式。教师是教学行为的启动者,引导学生根据所提供的信息开展主动提问,在预测与核查中逐步提高学生的信息架构能力;指导学生从理解表层信息逐步深入,对学习任务进行深度加工,在获取关键信息、解释和组织文本材料的同时,自动地将这些新获得的内容与自己已有的经验进行联系或重组,或考虑将正式的知识与日常的直觉经验进行匹配,建构出具备个

人属性的"知识逻辑结构群"(李璇律、田莉,2019:2);为学生创设情境让学生表达自己的新思想。但学生是学习活动的实践者,主动提出问题,而不是仅被动地回答问题;主动建构意义,而不是被动地接受教师所建构好的结论;在已有认知与所获取的信息之间建立关联;尝试主动表达。在这个过程中,教师要充分认识到自己的角色和责任,同时要帮助学生塑造"积极的读者身份认同"(葛炳芳,2024:26)。

"教师主导—学生主体"模式实施的关键是教师需要首先做出改变,更新教学理念,不断调整教学行为,以求更好地平衡教师的角色与学生的责任。"教师要根据任务的复杂程度和学生自主能力所处的水平,承担起'协商者'、'组织者'、'激励者'与'共赏者'的角色,相应的,学生需要在教师指导下逐步承担起'理解'、'评价'、'价值化'与'领悟'的责任"(葛炳芳,2023:8)。任何一方的失职或者越权都将阻碍主动学习的发生。教师应该在学生需要帮助的时候及时扶助,在学生开始上手的时候逐步放手。

国内外学者对于师生责任平衡的话题进行了积极的实践与探索。其中 Fisher 和 Frey 提出的"扶放有度"支架式教学框架给了我们很多的启发。该教学框架包含四个阶段,即教师示证(Focused instruction)、教师辅导(Guided instruction)、同伴协作(Collaborative learning)及独立表现(Independent learning)(Fisher,Frey,2013:11),如图 2.2 所示。作者试图探索教师在课堂教学中如何将认知责任逐渐释放给学生,让学生最终能自主独立完成学习任务。我们将在该理论框架的指导下研究如何在一系列有目的性、具体化的教与学的行为中体现师生各自的角色与责任。

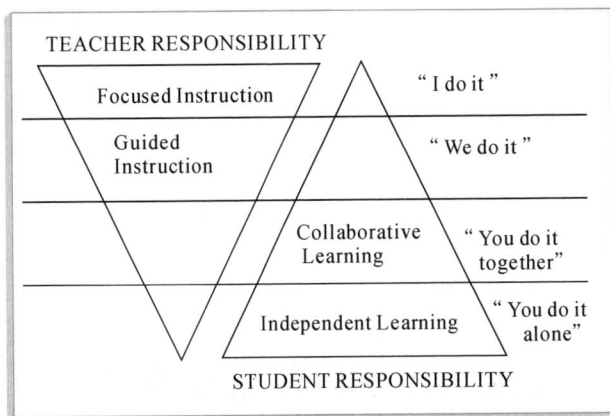

图 2.2 "扶放有度"支架式教学框架(Fisher，Frey，2013：3)

第三章

扶放有度：促进课堂责任有序释放的教学路径

英语阅读教学要有目的地将认知负荷逐渐从以教师为中心转移到教师与学生的共同体中，直至最后学习者可以独立进行实践和应用新知（Pearson，Gallagher，1983：332）。"扶放有度"支架式教学框架，最初是针对阅读教学而提出的，是一种有目的地通过教师示证、教师辅导、同伴协作和独立表现来实施教学的模式（Fisher，Frey，2013：3）。在这个模式中，"扶"指的是教师在学生学习过程中给予必要的支持和帮助，"放"是指教师逐渐放手，让学生独立完成学习任务；"有度"则是指教师在"扶"与"放"之间要掌握好平衡，既不能过度干预，也不能完全放任。这一支架式教学框架自提出以来得到了教育工作者的广泛应用。一方面，教

> "扶"指的是教师在学生学习过程中给予必要的支持和帮助，"放"是指教师逐渐放手，让学生独立完成学习任务；"有度"则是指教师在"扶"与"放"之间要掌握好平衡，既不能过度干预，也不能完全放任。

师可以根据不同的教学目标采用不同的教学方式灵活地应用这一教学框架；另一方面，该教学框架提倡以学生为中心，教师扶放有度，培养独立、能干、自信的学习者（Webb *et al.*，2019：75，82）。

一、RIAE：促进课堂责任有序释放的教学路径

葛炳芳（2023：53）认为，在英语教学中，学生在教师指导下逐步开展自主提问，主动建构意义，主动运用所学知识建立与文本、作者、世界和自我间的关联，从而表达新思想。阅读教学即学生"自主提问、主动阅读、主动探究、主动表达"的过程；汪向华、苏殷旦（2024：30）认为，主动学习视阈下的阅读教学遵循"激活与联结、整合与编码、理解与批判、内化与迁移"的学生主动建构意义的教学路径。蔡红（2024：26）提出了"启动学习，自主提问""激发回应，主动阅读""维持动力，主动探究""共赏成果，主动表达"的师生责任平衡路径。基于以上教学理念，我们在实践中形成了"RIAE 英语自主阅读教学路径"（见图 3.1），即激活与关联（Relate）、释疑与建构（Interpret）、评价与批判（Assess）和运用与表达（Express）。这种阅读教学路径，不仅明确了学生在课堂中的主体地位，也彰显了教师在教学过程中的智慧引导与适时放手，旨在培养学生的高阶思维与自主学习能力，促进其全面发展。

如图 3.1 所示，RIAE 自主阅读教学路径主要分成"教师示证、教师辅导、同伴协作和独立表现"四个阶段，这些阶段虽通常遵循既定的序列展开，但教师示证与教师辅导环节也有可能穿插于同伴协作及独立表现阶段之中，体现教学过程的灵活性与交互性。

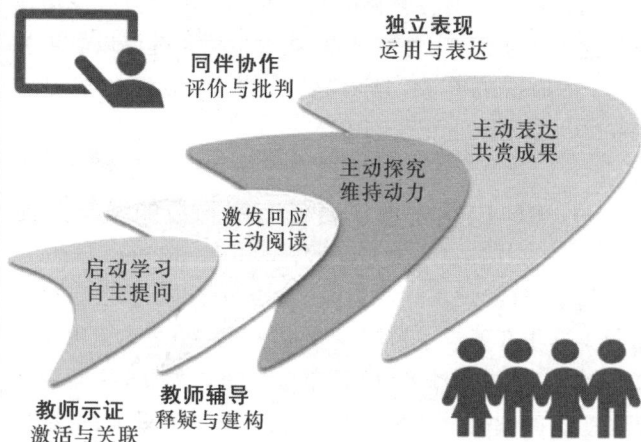

独立表现
运用与表达

同伴协作
评价与批判

主动表达
共赏成果

主动探究
维持动力

激发回应
主动阅读

启动学习
自主提问

教师示证
激活与关联

教师辅导
释疑与建构

图 3.1　RIAE 英语自主阅读教学路径

　　在示证阶段，教师扮演着引领者的关键角色，通过激活学生的先验知识并构建新旧知识间的联系，引入教学内容的主题，触发学习机制的启动，并激励学生提出问题，为学生后续的学习活动奠定基础。随后，在辅导阶段，教师依据学生提出的问题，顺势构建起文本解析的框架，即师生协同构建文本理解的"脚手架"。在此框架下，学生被鼓励在问题的驱动下主动进行深度阅读，通过自我探索解答疑惑，并逐步深化对文本各层次的理解，实现文本内容的整合与结构化意义建构。此阶段标志着教学控制权开始从教师向学生平稳转移，体现了以学生为中心的教学理念。进入同伴互动协作阶段，学生成为学习活动的主体，围绕既定的学习目标，以合作的形式积极投身于主动探究之中。通过深度交流与讨论，学生深入挖掘文本的现实意义与潜在价值，这一过程不仅促进了知识的内化，也显著提升了学生的团队协作能力与问题解决技巧，彰显了学生在知识建构与能力发展中的主体地位。最终，在独立表现阶段，学生完全承担起学习责任，自主表达个人见解与创意，展示其学习成果。这一过程不仅是对学生独立思考与创新能力的直接体现，也是对其学习成效的全面检验。在整个教学过程中，教师逐步释放学习自主权，实现了从教师主导到学生自主的平滑过渡，学生的学习主动性得到显著提升，逐步成长为具有高度自主性与综合能力的独立学习者。

如上所述，RIAE 英语自主阅读教学路径不仅有效促进了学生对知识技能的掌握，更深层次地推动了其自主学习能力、评判性思维以及综合素养的全面发展。师生责任落实在具体的教学活动中。在前两个阶段，教师扮演着至关重要的角色，承担着主要的责任，即"启动学习"，激发"自主提问"与"激发回应"，促进"主动阅读"。首先，教师通过精心设计的导入策略，有效地激活学生的先验知识，构建新旧知识间的桥梁，从而引发学生对新知识的兴趣与好奇。这一过程中，教师不仅负责启动整个学习活动，更重要的是，通过提问与引导，激发学生自主提出具有探究价值的问题，为后续的深入学习奠定基础。紧接着，教师运用"激发回应"的策略，如提供关键信息、设置悬念、引发争议等，引导学生主动进行深度阅读，积极建构文本意义。在此过程中，教师不再是单纯的知识传授者，而是成为学生学习过程中的引导者与支持者，通过与学生的互动与对话，共同构建文本理解的"脚手架"，使学生在问题的驱动下，逐层深入，形成对文本各层次的理解与整合。

然而，在教学流程的后两个阶段，即"学生'主动探究'，教师'维持动力'"与"学生'主动表达'，教师'共赏成果'"中，教师的责任逐渐释放，课堂的主导权更多地由学生掌控。在"主动探究，维持动力"阶段，学生围绕共同的学习目标,以合作的形式积极开展主动探究,深入挖掘文本的现实意义与价值。此时,教师虽不再处于中心地位,但仍需发挥重要作用,如提供情感支持、鼓励创新思考、维持学习氛围等,以确保学生的学习动力得到持续激发与维持。最后,在"主动表达,共赏成果"阶段,学生完全承担了展示学习成果的责任,通过口头表达、书面报告、创意展示、完成项目等多种形式,自主表达个人见解与创意。此时,教师的角色转变为观察者、评价者与反馈者,通过细致的观察与深入的反馈,帮助学生认识到自己的学习成效。同时,通过组织班级分享与讨论,能够促进学生之间的相互学习与欣赏,共同营造一个积极向上的学习氛围。

师生责任在教学活动中的落实是一个动态变化的过程,教师在不同阶段承担着不同的角色与责任,而学生则在此过程中逐渐成长为具有高度自主性与综合能力的独立学习者。

总之,师生责任在教学活动中的落实是一个动态变化的过程,教师在不同阶段承担着不同的角色与责任,而学生则在此过程中逐渐成长为具有高度自主性与综合能力的独立学习者。这一过程不仅促进了学生对知识技能的掌握,更在深层次上推动了其自主学习能力、思维能力以及综合素养的全面发展。

二、主动学习视阈下 RIAE 路径的教学实践

(一)激活与关联:启动学习,自主提问

教师示证环节是教师在教学活动中扮演启动者与引领者角色的关键阶段,其核心在于启动学习过程,展示有

效提问策略，并为学生构建学习的"脚手架"。教师示证的过程往往比较简短，却是学生习得新知的必要铺垫。教师示证包括明确目标

> 教师示证环节是教师在教学活动中扮演启动者与引领者角色的关键阶段，其核心在于启动学习过程，展示有效提问策略，并为学生构建学习的"脚手架"。

（Establishing Purpose）、示范或演示（Modeling and Demonstrating）、出声思考（Think-Aloud）及关注回应（Noticing）（Fisher，Frey，2013：19）。其中，"明确目标"旨在清晰阐述学习目的与预期成果，"示范或演示"指的是通过实例展示学习方法与策略，"出声思考"即教师公开其思维过程，以此传授学习策略并激发学生的思考共鸣，"关注回应"则指细致观察并解读学生的即时反馈，以评估学生对教学目标的理解程度、既有的认知框架及学习期待。

1. 教师出声思考

在阅读教学的改进逻辑中，教师应于课前精心设定教学目标，并在课堂导入环节运用"出声思考"这一策略来传达这些目标，并同时示范有效的提问技巧。出声思考，即展示思维过程。教师出声思考旨在助力学生达成学习任务。此策略通过让学生亲眼见证思考流程，加深他们对教学内容的理解与掌握。基于 Fisher 和 Frey（2013：30-31）的见解，优化出声思考以启发学生，需聚焦于以下五个核心要素。

（1）精炼表达：在进行出声思考时，务必保持语言的简洁明了。由于学生的思绪紧随教师的引导，过多的细节可能会干扰他们的思考路径，导致困惑。因此，教师应精简思考过程，突出重点。

（2）适应学生认知：设计出声思考内容时，需充分考虑学生的认知发展水平。这意味着教师应暂时搁置个人的专业深度，以初学者的视角重构知识讲解，确保学生能够跟上并理解。

（3）表达真实的自我：出声思考应真实反映教师的内心想法，采用第一人称叙述，如"我在想……"。这种真诚的表达方式能够拉近与学生的距离，激发他们的共鸣。

（4）专家视角分享：尽管每位教师未必是绝对的专家，但在各自的教学领域内，教师都有独特的见解和经验。通过出声思考，教师可以模拟专家思考的方式，分享自己对内容的深刻理解，以此提升学生的兴趣和参与度，同时增强出声思考的有效性。

（5）展示认知与元认知过程：教师应勇于揭示自己在解决问题、获取新知及学习调节过程中的认知路径。例如，可以分享"当我看到这个标题，我期待了解这个问题将怎样得到解决"的心得。这样的分享不仅展示了学习的动态过程，也鼓励了学生反思自己的学习策略，促进深度学习。

通过上述调整，教师在阅读教学中运用出声思考策略吸引学生的注意力，激发其兴趣，并引导学生主动思考与回应。此过程实质上是教师构建了一个促进学生学习的"支架"，而学生也通过出声思考的方式向教师提供反馈，为教师进一步调整和优化"支架"提供有价值的参考信息。以出声思考为主的示证活动可以被视为一场师生间"出声思考"的深度交汇，它不仅是思维的碰撞，也为课堂师生责任的移交做好铺垫。此阶段的师生责任要求与行为主要如表 3.1 所示。

表 3.1　激活与关联（Relate）阶段的师生责任与行为要求

教学环节	师生责任要求	教师行为	学生行为
教师示证 激活与 关联 （Relate）	教师创设问题情境，激活学生的前概念，使其在面对新的问题时，与原有知识和经验产生认知冲突，从而激发学生主动探究意愿	• 创设与主题相关的教学情境 • 激活学生的前概念 • 调动学生学习的兴趣与积极性 • 引起学生前后认知的冲突，引发思考	• 激活原有图式 • 做好学习准备 • 初步建立起前概念与新概念之间的联系与冲突 • 思考问题

2. 学生有效提问

在示证阶段，教师通过出声思考传达教学目标并示范提问策略，启发学生同步思考的同时密切关注学生的回应，在回应中了解学生已有的相关图式、对教学目标的理解以及相应的学习期待，以便恰当地给予后续的指导与扶持。在该阶段，笔者尝试基于语篇的基本问题来示范提问策略。语篇的基本问题是指在语篇主要内容基础上承载主题意义和活动目标的核心问题。聚焦语篇的基本问题能够引发学生主动思考，激发学生的学习兴趣，提升课堂参与度，还能帮助学生建构知识体系，提升思维品质，加强运用所学知识解决实际问题的能力（唐宗，2024：42）。

如高中英语选择性必修一 Unit 3 的主题是"迷人的公园（Fascinating Parks）"，"读思板块"的语篇是"赛勒克国家公园（Sarek National Park）"，该语篇的活动目标是"体验一个国家公园（Experience a national park）"，因此，该语篇的基本引导性问题被确定为：

Q1：What did the writer experience?

Q2：How did the writer like the park?

Q3：How did he/she show the feelings?

Q4：How did the experience enlighten the writer?

其中，第一个问题指向公园的基本信息（Basic information）；第二个问题指向作者对公园的评价并提供证据，其实指向的是公园的特征（Feelings/Features）；第三个问题为第二个问题服务，指向"用感官描写表达情感"的写作手法（Senses）；最后一个问题指向作者和读者对这个国家公园的感悟，其实指向的是公园的意义（Enlightenment/Significance）。这四个基本问题形成了对语篇的结构化梳理，应该贯穿阅读教学活动始终。

> 学生的自主提问是阅读教学的重要环节，而不少课堂中的自主提问却存在提问"碎片""浅层""无序"等问题，因此，教师在导入环节做好有效提问的示范至关重要。

学生的自主提问是阅读教学的重要环节，而不少课堂中的自主提问却存在提问"碎片""浅层""无序"等问题，因此，教师在导入环节做好有效提问的示范至关重要。如在本课例中，我们观察并记录了三位教师的导入提问与学生的提问。

第一位教师从单元主题——"迷人的公园（Fascinating Parks）"出发，用一些城市公园、主题公园和国家公园的图片吸引学生并提出以下两组三个问题：

Qs 1-2：What kinds of parks have you been to? What were they like?

Q3：When you think of national parks, what comes to mind first?

这两组问题是教材里提供给教师参考的问题，比较笼统，所以学生反应并不热烈；而当教师提供语篇题目以及两个图片之后，学生提出的问题数量比较少（见表 3.2），问题指向也比较分散，其中问题 4 与已知信息的逻辑不符。

表 3.2　Sarek National Park(SNP)课例一学生自主提问

Q1：Why is the SNP hidden?

Q2：What did the author do in the SNP?

Q3：What are the reindeer doing?

Q4：What treasure did the SNP provide?

　　与第一位教师不一样的是，第二位教师在导入阶段就开始深挖国家公园的意义，不仅呈现国家公园的图片和视频，还呈现单元主题句供学生思考。进入自主提问阶段，教师不仅呈现文本题目与图片，还提供了四个小标题。整个导入阶段持续了近十分钟，教师连续提问，信息量很大，不符合出声思考"精炼表达"这个要求。由于输入信息多而杂，所以学生提问也比较多，但逻辑层次比较含糊，详情如表 3.3 所示。

表 3.3　Sarek National Park(SNP)课例二学生自主提问

Q1：Why did the writer choose this national park?

Q2：What can be seen and done in the SNP?

Q3：How can travellers go to the SNP?

Q4：What is the history of the SNP?

Q5：Why is it built?

Q6：Why is it regarded as a national park?

Q7：Where is the SNP?

　　不同于以上两种导入策略，第三位教师在导入阶段有意识地示范了提问策略。首先，教师呈现一组本市有名的公园(city park)和迪士尼主题公园(theme park)的照片，发起第一轮提问，激活学生先验知识：

Q1：What kind of parks have you been to?

Q2：Which one impressed you most?

Q3：What did you do or find in the park?

Q4：How did you feel in the park?

Q5：What did the park remind you of?

问题 1、2 是为了引起话题，而问题 3 至 5 不仅问及学生"做/了解了什么""感觉公园怎么样""公园让你想到了什么"，同时也为后续学习搭建了"基本信息—公园特征—公园意义"的学习支架。接着，教师呈现第二组问题：

Q1：When you think of national parks, what comes to mind first?

Q2：What can we do or find in a national park?

Q3：How will we feel if we are in a national park?

Q4：What will a national park remind you of?

其中，问题 1 是为了引出国家公园，问题 2 至 4 继续用"基本信息—公园特征—公园意义"的学习支架为后续活动作铺垫。在此基础上，教师呈现语篇题目和两张图片，引导学生预测提问。学生提问情况见表 3.4。

表 3.4　Sarek National Park(SNP)课例三学生自主提问

Q1：Where is the park?

Q2：What's in the park?

Q3：What are the distinguishing features of ...?

Q4：How do locals live?（BTW：Are there any residents in the park?）

Q5：What can we do in the park?

Q6：What can we learn in the park?

Q7：Why was the park set up?

Q8：Why did the writer write the passage?

问题 1、2、4、5、6 有关公园的基本信息，问题 3 指向公园的特征，问题 7、8 指向公园的意义。另外，在一位学生问出第 4 个问题的时候，旁边有一位学生笑着临时生成一个问题："Locals? Is it possible?"他认为这样的地方应该是没人居住的。此时，教师因势利导，问道"Are there any locals? It remains to be seen."。学生的提问最后也形成了"基本信息—公园特征—公园意义"的学习框架，为后续结构化理解文本做好了准备。

（二）释疑与建构：激发回应，主动阅读

教师辅导阶段是认知负荷从教师向学生转移的阶段。在阅读课堂中，教师要帮助学生"获得积极的学习体验，成为意义探究的主体和积极主动的知识建构者"（教育部，2020：50）。Fisher，Frey（2013：40）指出教师辅导是暂时的、灵活的和回应性的。也就是说，教师辅导是根据学生课堂所说所做产生的，是课堂的即时生成。教师的角色是引领和答疑解惑，是参与者、合作者、导向者、促进者和帮助者，而不是旁观者。教师追求灵活的课堂生成，开展有针对性的"扶"，帮助学生获取文本内容和语言，开展积极主动的意义建构过程，最终切实提升英语语言能力和思维能力。导入话题后，学生自主提问、主动阅读，并通过师生对话，共同完成对语篇意义的结构化建构。这是师生对话协商意义的过程，也是教师逐渐将学习责任向学生移交的过程。在教学中，教师要始终关注学生的学习表现和学习成效，根据需要给予必要的指导和帮助，推动"教—学—评"活动一体化的实施。

> 在阅读课堂中，教师要帮助学生"获得积极的学习体验，成为意义探究的主体和积极主动的知识建构者"。

1. 师生共同建构理解支架

高中英语课标明确强调,教师应积极改进教学方式和方法,重视对学生学习策略的指导,以培养其良好的学习习惯和自主学习能力(教育部,2020：44-45)。在这一背景下,教师辅导阶段成为师生间基于教师示证阶段所搭建的"支架"进行意义协商的关键环节。教师在此阶段发挥引领作用,倾听学生的回答与提问,并运用多种策略助力学生在"问"与"学"的互动中不断丰富和完善知识框架。师生共同协作,深入探究,共同为实现教学目标而努力。在教师辅导阶段,教师通过提出问题(Asking questions)、给出提示(Prompts)、提供线索(Cues)以及直接解释(Direct explanations)等方式,为学生的技能或知识发展搭建支架(Fisher,Frey,2013：41)。这些策略不仅有助于解决学生的疑惑,还能促进他们的自主学习和深度思考。

（1）提出问题

在教师辅导环节中,学生以相对有逻辑的方式展现自身的已知与未知。教师应善于提问,引导学生解释或阐明自己的答案。这类提问既包括事实性问题,引导学生从文本中寻找答案,也包括深层次问题,激发学生的深入思考,提升其思维水平。通过"以问促学"的教学方法,学生能够在问题的引领下主动学习和掌握知识与技能,使学习过程更加科学高效。教师设计的问题链应层层递进,逐步引导学生将思维从表层引向深入。

（2）给出提示

给出提示旨在激发学生的认知或元认知知识,关键在于启发学生的思考。教师给出的提示类型多样,如背景知识提示、过程提示、反思提示和启示式提示等,这些提示能够帮助学生激发、唤醒已有的知识,融合新旧知识，建立知识间的关联。

（3）提供线索

线索能够转移学习者的注意力，以更直接和具体的方式帮助学生完成主动的知识建构过程。在阅读课堂中，提供线索尤为常见且有效。教师提供的线索能够引导学生关注文本中的关键信息，帮助他们更好地理解文本内容，提升阅读效率。

（4）直接解释

直接解释是教师辅导阶段的一种重要策略，当提示或线索无法达到预期效果时，教师会采用直接解释的方式帮助学生解决问题。这种策略使教师辅导阶段与教师示证阶段形成有效衔接，有助于准确把握学生的认知水平，提高课堂效率。

在"赛勒克国家公园（Sarek National Park）"这一课例中，基于标题和图片，教师提出问题，激发学生回应：What do you want to know from this passage? What questions do you think this passage will answer? 学生自主提出了许多问题。（见表 3.4）

在探讨"赛勒克国家公园（Sarek National Park）"的教学案例中，教师巧妙地利用了板书和问题引导的策略，帮助学生系统地构建对文本的理解框架。首先，教师根据学生的初步提问，有意地将这些问题按照"基本信息"、"公园特征"、"公园体验"以及"写作目的"的逻辑顺序进行了分类和板书，为学生提供了理解和分析文本的线索。当教师提出"Can you classify these questions?"这一启发性问题时，学生首先捕捉到了与"features"相关的问题；接着，当教师用问题"What are questions 5 and 6 about?"提供线索时，学生说出了"People's experience."；当教师询问"What are the remaining questions about?"时，学生正确地指出了这些问题与"writing intention"相关，尤其是当教师进一步提示"Why is the passage written?"时，学生回应出"The park is important."。虽然这一回答略显笼统，但教师及时进行了纠正和补充，直接解释"Actually it's about the significance of the park."，即文本的写作目的是强调赛勒克国家公园的重要性和保护价值。

通过上述师生互动和教师辅导，师生共同建构了文本理解的基本框架，这一过程不仅帮助学生系统地理解了文本内容，还培养了他们的逻辑思维和归纳能力，为后续的文本分析和讨论奠定了坚实的基础。生成的板书内容呈现见图 3.2。

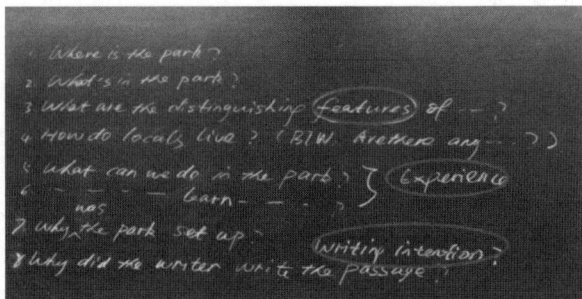

图 3.2　基于学生自主提问的文本理解支架建构

总之，教师辅导阶段融合了自主提问与主动阅读的理念，通过提出问题、给出提示、提供线索以及直接解释等多种策略，促进了师生间的意义协商和学生的学习自主性。在这一阶段，教师不仅是知识的传授者，更是学生自主学习的引导者和支持者。通过这些策略的实施，学生能够在教师的辅导下不断深化对文本的理解，提升思维水平，培养自主学习能力。此阶段的师生责任要求与

行为主要如下(见表 3.5):

表 3.5　释疑与建构(Interpret)阶段的师生责任与行为要求

教学环节	师生责任要求	教师行为	学生行为
教师辅导释疑与建构(Interpret)	学生制定计划进行探究,使用新知识回答最初提出的问题,通过与同学、教师以及学习内容之间的多元互动,形成对语篇内容的结构化梳理	• 规范地讲解新的内容 • 鼓励学生在已有经验的基础上解释内容 • 为学生提供思考问题的时间 • 在学生探究时进行观察、倾听 • 在需要时给学生的探究指明正确方向 • 扮演学生顾问的角色	• 自主探究并形成观点 • 检验预测和假设,并形成新的预测和假设 • 对解释进行完善与补充 • 分析和理解新信息,寻找逻辑关联 • 基于细节梳理进行概念化分类 • 在概念化基础上形成结构化整理

2. 学生逐层加工文本意义

　　葛炳芳(2023:4)认为,语言课堂要以意义加工为主线。基于主题意义探究开展英语教学已经成为基础教育界的共识。基于主题意义加工的英语自主学习能力培养,重点在于"加工"二字,着眼于认知(内容加工)基础上的元认知能力培养。意义加工过程并非孤立存在,而是通过与语篇、与教师、与同伴以及与自身经验的互动而逐渐深化。建构主义认为,知识不是通过教师传授得到,而是学习者基于自身已有经验和知识结构主动建构。学习的过程就是知识的意义建构过程,即学习者通过观察、实践、反思和与他人交流合作的方式,将新的信息和经验与已有的知识和经验(先验知识)相结合,从而建构自己的理解和意义;建构主义强调创设学习环境的重要性,认为"情境"、"协作"、"会话"和"意义建构"是学习环境的四个要素(何克抗,1997:75)。其中,"情境"、"协作"和"会话"

强调学习的条件和过程,而"意义建构"则是整个学习过程的最终目标。换句话说,建构主义强调学习的主动建构性、社会情境性和社会协商性(王文伟,2023:2)。我们将探讨意义建构的三个递进层次,包括基于自主提问的字面意义协商、基于学习框架的字里行间意义协商,以及基于师生互动的上位主题意义协商。学生意义加工过程中,教师提出问题、给出提示、提供线索或者直接解释,助力学生完成文本各个层次的意义加工,促成他们学习能力和思维能力的逐步提升。

> 学生意义加工过程中,教师提出问题、给出提示、提供线索或者直接解释,助力学生完成文本各个层次的意义加工,促成他们学习能力和思维能力的逐步提升。

（1）自主提问驱动下的字面意义理解

在这一层次中,学生首先通过自主提问,明确自己对于阅读语篇的好奇点和疑惑点。这些问题成为他们阅读的驱动力,引导他们主动、有针对性地阅读语篇。在回答这些问题的过程中,学生完成了对语篇字面意义的理解。这一环节是意义建构的基础,为后续深入解读提供了必要的背景信息。为了确保学生有足够的时间和空间进行无干扰的自主阅读,教师应创造一个安静、专注的阅读环境。同时,为了提升学生的阅读效率和深度,教师可以提供一定的阅读支架,如桐乡凤鸣高级中学邓薇老师在执教高中英语选择性必修一 Unit 4 Reading and Thinking 部分的语篇 *Listening to How Bodies Talk* 时展示的开放式阅读任务单的应用（见表 3.6）,这种任务单鼓励学生根据自己的兴趣和问题自由探索语篇内容,从而更加主动地参与到阅读活动中来。

表 3.6　开放式文本意义加工支架

Paragraph	Question		

（2）基于学习框架的字里行间意义协商

在学生初步回答由自主提问所引发的问题之后，教师通过提出更具针对性的问题和给出相应的提示，引导学生深入挖掘文本中的细节信息，进而培养他们获取和整合关键信息的能力。这一环节是意义建构过程中不可或缺的组成部分，它有助于学生从字面意义的理解向更深层次的意义探索过渡。在"赛勒克国家公园（Sarek National Park）"这一课例中，学生在自主阅读并掌握了文本的基本意义后，教师围绕"Experience"（体验）这一核心，设计了一组递进式问题，旨在帮助学生进一步理解文本字里行间的深层意义。这三个问题分别聚焦于"基本信息—公园特征—公园意义"的学习框架，引导学生逐步深入文本，实现意义的深度挖掘：

Q1：What did the writer do in the park?

Q2：How did the writer feel? How did he/she show the feelings?

Q3：How did this experience enlighten the writer?

问题 1 旨在引导学生回顾文本中的基本信息，为后续的深入分析奠定基础；问题 2 则要求学生深入文本，寻找并理解作者的情感表达及其背后的原因。在这一问题的引导下，教师给出了具体的提示，辅导学生从"感觉"出发,定位文本中的证据,即"公园特征",并进一步欣赏作者的写作手法与语言。其中,教师作了如下提示：

T：How did the writer feel? How did he/she show the feelings? For example，I think the writer feels "warm and comfortable"，because "the sun is brightly shining"．Here the writer uses his/her sight to show his/her feeling.

这样的提示不仅帮助学生理解了作者的情感表达,还引导他们关注了作者的写作技巧和语言运用。通过这一系列的问题和提示,学生面前呈现出一个清晰的意义建构框架(见图 3.3),帮助他们聚焦于"Experience"这一概念,逐步走向文本深处。这一框架不仅有助于学生更好地理解文本中的细节信息,还促进了他们评判性思维和创造性思维的发展。在这一过程中,教师不再是单纯的知识传授者,而是成为学生学习过程中的引导者和促进者,通过搭建学习框架和提供适度引导,帮助学生实现了从字面意义到深层意义的跨越。

Experience	
What did the writer do in the park? How did the writer feel? How did he/she show the feelings? How did this experience enlighten the writer?	
Activities	
Feelings (Senses)	Sight: the sun is brightly shining.
Enlightenment	

图 3.3　半开放式文本意义加工支架

在本环节中,当学生处于梳理与内化文本知识的关键阶段时,教师巧妙地运用提问策略与提供启发性提示,以此激发学生的主动思维活动，并引导他们精确而全面地概括文本中的细节信息。这一互动过程不仅促进了学生对文本内容的深入理解，还通过教师积极肯定的课堂反馈，为学生营造了一个充满支持与鼓励的学习环境，有效提升了学生的表达意愿与参与度。在此基础上，学生大脑中形成了一个结构化的知识体系（见图 3.4），该体系清晰地展示了文本信息从初步感知到深度理解的过程。在这一动态的知识建构过程中，教师对于学生未能自行回答的要点，均给予了耐心细致的提示，并适时进行补充与阐释，确保了知识传递的完整性与准确性。这种"因材施教"的教学策略，充分关注到了学生在阅读过程中的个体差异与表现差异，通过精准识别学生的学习需求与难点，提供了差异化的支持与引导。

	Experience
Activities	*camping and hiking/ adopting some Sami habits*
Feelings (Senses)	Sight: the sun is brightly shining *spreading out, branches of... flow through the valley below.* *... is visible.../ ...reindeer feed on grass* *Sound: wake up to the sound of the wind buffeting...* *Taste: flat bread.../ dried reindeer meat/ sweet and sour berries* *Touch: ...weighs 30 kgs/ be full of sweat ...* *Smell: breathe the fresh air*
Enlightenment	*feel blessed to be alive*

图 3.4　文本意义加工的学生反馈

3. 互动视角下的主题意义理解

课标（教育部，2020:40）明确指出："有效的学习策略对于提升学生学习英语的成效与效率具有显著作用，同时也有助于培养学生自主学习的习惯与能力。"在这一理论指导下,教师在课堂教学实践中,不仅应提出事实性问题以帮助学生掌握基础信息,更应设计关键问题,旨在激发学生的深度思考,促进他们进行个性化的表达与展示,从而体现自己的学习成果、情感态度以及价值取向。

当课堂进入后半阶段,学生已初步完成对文本细节信息的梳理与整合,文章结构得以清晰呈现,实现了对文本重点内容的结构化处理。这一过程中,学生不仅从微观层面精准把握了语言运用与文本核心内容,还从宏观角度全面理解了篇章的行文逻辑与结构脉络,实现了知识的深度内化与结构化构建。在此基础上,教师若能精心策划延展性问题,将进一步推动学习向更深层次发展。这类问题不仅能够引导学生主动建构意义,深化对主题内涵的理解,还能在潜移默化中帮助学生形成正确的价值观与人生观。在"赛勒克国家公园(Sarek National Park)"这一课例中,教师通过以下问题引导学生围绕语篇副标题中的"hidden treasure"展开讨论,实现对语篇主题意义的理解:

Q1:Why is Sarek National Park a "treasure"?

Q2:Why is it a "hidden" treasure?

Q3:How are we expected to experience such "treasures"?

在一系列的生生及师生之间的互动交流后,学生们首先就"treasure"(珍宝)这一概念达成了共识。他们一致认为,赛勒克国家公园之所以被称为珍宝,归因于其无与伦比的自然美景、深远的历史意义、迷人的传统习俗、文化传承的不可替代价值、作为探险活动的理想之地,以及作为人与自然和谐共生的环境所展现出的独特魅力。随后,在解读"hidden"(隐藏)一词的过程中,学生们敏锐地捕捉到了文本中诸如"above the Arctic Circle"(北极圈之上）、"no road"（没有道路）、"no one else can live there"（没有其他人能住在那里）等关键信息点。经由教师的适度引导与辅助，学生们成功地将这些零散信息整合归纳为两大原因：一是其独特的地理位置，二是政府所采取的严格保护措施。

在讨论的尾声，学生们纷纷表达了对赛勒克国家公园作为人与自然和谐共存之地的赞美。有学生提到"a great place for man at peace with nature"（人与自然和谐共处的美好之地），教师在板书时巧妙地将其转化为"a ＿＿＿＿ for man at peace with nature"的填空形式，并鼓励学生尝试填入合适的词语。学生们积极响应，尝试了"paradise"（天堂）、"shelter"（庇护所）等词汇。在此基础上，教师适时地填入"sanctuary"一词，并详细解释了其含义，即一个神圣不可侵犯的、供人与自然和谐共处的地方。这一填空活动不仅加深了学生们对赛勒克国家公园独特价值的理解，也锻炼了他们的词汇运用与语言表达能力。这一环节的板书生成如下（见图 3.5）：

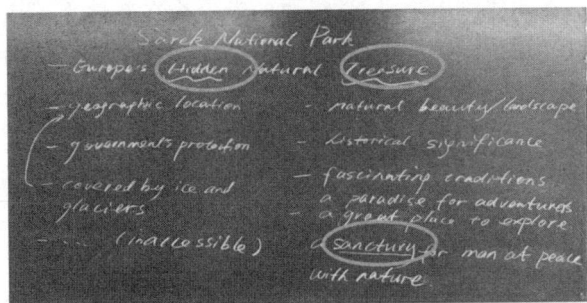

图 3.5　主题意义探究的学生反馈

最终，在深入理解文本的基础上，学生们结合自身的实际体验与感悟，提出了多种具有创新性和个性化的建议，旨在保护类似赛勒克国家公园这样的自然瑰宝。这些建议不仅体现了学生们对环境保护重要性的深刻认识，也彰显了他们作为未来社会公民的责任感与使命感。收集、整理、汇总后的学生反馈如下：

National parks are natural treasures that show us striking beauty, profound history and fascinating cultures. These parks are important because they help protect the environment and give us a chance to learn about nature and ourselves. When in a national park, we can explore it by hiking or camping at our own pace. We can also experience the lifestyle of local people. However, it's crucial for us to keep the land in its natural state. This way, we can enjoy the peace and harmony that nature offers and create lasting memories.

（三）评价与批判：主动探究，维持动力

在同伴协作阶段，学得快的学生会在新情境下率先尝试应用技能或策略，而其他学生也开始参与到活动中来。在此阶段，教师期望学生可以将课堂中所学到的知识应用到新的情境中，并在同伴学习中相互支持，促进彼此对知识的理解和内化。同伴协作通常具备以下五个特性（Johnson *et al*.，1991；转引自 Fisher, Frey, 2013：69-70）。

在同伴协作阶段，学得快的学生会在新情境下率先尝试应用技能或策略，而其他学生也开始参与到活动中来。在此阶段，教师期望学生可以将课堂中所学到的知识应用到新的情境中，并在同伴学习中相互支持，促进彼此对知识的理解和内化。

（1）积极互赖。学习情形是相互关联的。每位成员的努力对于整个小组的成功都起着积极的作用。

（2）直面互动。学生彼此互教，互相检查彼此的掌握情况、讨论概念和交流想法，将学习内容与自己的生活实际联系起来。

（3）个体与团队责任。学生要明确小组学习任务的预期结果是什么，每位学生都要承担一定的任务，同时掌握所分配的任务，并对小组的成果负责。只有每位学生在小组合作中都做到任务明确、全力以赴，那样的团队合作才是有价值的。

（4）人际和小组技能。在小组合作学习过程中，所有小组成员都应该具备基本的合作技能，并且可以运用这些必要的社交技能。通常情况下，教师必须教会学生一些社交技能，比如学生的领导力、决策力、相互信任、准确交流、认真倾听以及冲突管理等。

（5）小组自评。小组成员讨论他们的进展以及可以做哪些努力来提高小组活动的有效性或改善小组成员间的工作关系。

同伴协作允许学生在一个学习共同体的框架内，主动承担起课堂的主导责任。此过程不仅巩固了学生的思维与认知基础，还促进了他们在实际情境中应用所学知识的能力，即实现了从理论到实践的"学以致用"。在这一阶段，教师的核心关注点在于如何构建一个积极、有效的学习环境，使每个学生都能在保持学习动力的同时，承担更多的个人与集体责任。在阅读教学中，教师不仅要设计并实施合理的活动任务引导学生深入探究文本意义与价值，还要指导学生掌握尽责对话（Accountable talk）的策略并维持学生学习的动力，以确保他们在与同伴的互动中能够深入探究、有效沟通（Fisher，Frey，2013：72）。

1. 学生探究文本价值

为了让学生巩固所学知识，真正弄懂内容，以及同学之间通过彼此交流协作加深理解，教师就要布置相应的任务来暴露其片面的理解和错误的认识。也就是说，需要一个能让大家全力以赴一起去解决的问题。这是同伴协作的必要条件。Fisher，Frey（2013：72-73）认为，在同伴协作中，学生所参与的任务类型可能会存在本质区别，其中一些偏重于分享的任务被称作是基本小组活动（Basic group work），而指向问题解决的结果导向性任务则属于产出性小组活动（Productive group work）。这两类活动都是有效活动，主要区别如下（见表3.7）：

表 3.7　基本小组活动与产出性小组活动区别

	基本小组活动	产出性小组活动
内容	学生阐明信念、价值观或观点	学生在讨论中巩固理解
目标	目标在于分享，而非解决问题	旨在解决问题，进而达成一致或确定解决方案
责任	责任到人或责任到组	责任到人

在基本小组活动中，学生共同分享他们自己的观点、价值观或信念，同时聆听别人的观点、价值观或信念。这些共享活动就是我们最常见的小组活动。经典的"思考—配对—分享"（think—pair—share）及其众多变式就是一个很好的例子，这些都是我们日常课堂中最常用的小组活动形式。这些共享任务往往显得比较简短，而且很多活动的频繁使用多是出于让学生参与学习活动而防止学生分心。而在产出性小组活动中，学生运用所学的知识来解决问题，进而达成一致或确定解决方案。产出性小组活动也需要一个共同的"作品"，既需要小组成员集

思广益,更强调个体在集体中的责任与贡献。产出性小组活动方式很多,最常见的是圆桌讨论、合作海报、互惠教学和切块拼接等方法。这些方法不仅可以促进产出性小组活动的讨论和记笔记的效能,而且可以帮助教师更好地了解小组内的整个对话过程或者每个成员对于活动做出了什么贡献以及活动后个体成员所做出的深入思考等。在"赛勒克国家公园(Sarek National Park)"这一课例中,我们看到不同教师设计的基本小组活动如下(见表 3.8)。

表 3.8　**Sarek National Park(SNP)课例的基本小组活动设计**

活动形式	活动内容
小组讨论	① Voice your opinions on the purpose/significance of building a national park. ② Illustrate the topic sentence with the writer's experience of Sarek National Park: A national park is not a playground. It's a sanctuary for nature and for humans who will accept nature on nature's own terms.
编演对话	Suppose you were the author and met a Sami during the adventure in Sarek. What questions would you ask the Sami? (Students ask questions) Choose the questions that interest you and answer them with detailed descriptions.
角色扮演	Role Play to introduce Sarek National Park as the roles of a tourist, a Sami, the writer and so on.
……	…

以上活动中,学生主要在阐明信念、价值观或观点中巩固所学,目标在于分享而非解决问题,责任主要落实到小组层面。该课例中,我们也看到了一些产出性小组活动,如在温州举行的"2024 年浙江省高中英语新课程'关键问题解决'专题研讨活动"中由杭州外国语学校王思雅老师执教的"赛勒克国家公园(Sarek National Park)"公

开课上,她就设置了这样的小组讨论活动：How can we make it to develop the park while preserving the place? 首先,这是对所学内容的巩固理解,学生在阐明信念、价值观或观点的同时也解决了现实存在的问题,小组成员通过讨论达成一致或确定解决方案。

　　两种同伴协作活动,无论是基本小组活动还是产出性小组活动,教师都扮演幕后角色。首先,教师要依据示证和辅导阶段搭建、依托的"脚手架"设计活动,这一活动需要服务于教学目标并符合学生的认知能力与水平;其次,教师要为学生同伴协作活动提供必要的资源或者引导其找到需要的资源;再次,在开始学习前,教师要清晰地阐述活动目标与要求;从次,教师要给学生足够的时间和空间开展同伴学习,并尽量参与到同伴协作的活动中,当小组活动遭遇困难或者停滞不前时,教师应采取合适的方式再次提供辅导;最后,同伴协作活动需要有评价,教师需要提供评价依据并实施多样化评价活动。此阶段,师生责任要求与行为主要如表 3.9 所示。

表 3.9　评价与批判(Assess)阶段的师生责任要求与行为

教学环节	师生责任要求	教师行为	学生行为
同伴协作评价与批判(Assess)	教师通过一些归纳性的活动去补充、完善或扩充学生的初步认知;学生完善并巩固新的知识结构,深化对主题的理解和认识	• 探讨学生存在的疑问 • 对学生的解释进行完善与补充 • 提供工具支架,引导学生对所获取的信息进行分析、概括、整合 • 设计活动引导学生剖析、追问文本价值与意义	• 向其他人解释可能的解决方案或答案 • 对他人的观点提出质疑,以促进深入的讨论 • 倾听并试图理解教师提供的解释 • 尝试不同的方法并和他人讨论

2. 教师维持"尽责对话"

同伴协作能让学生在新情境中应用之前所学知识，推动其思考与主动探究。但是，同伴协作中常常出现的尴尬是协作活动无法推进，或是小组成员责任和贡献的不均衡。造成这些问题的原因有可能是学生对学习内容掌握不够全面或者理解不够透彻。如果是这种情况，教师需要循环开展示证与辅导。造成这些问题还有一种可能是学生缺乏表达的策略，语言表达跟不上思维发展。同伴协作中，我们需要告诉学生，让他们知道自己对于协作任务各个方面都负有责任，并且需要学习相应的技能来维持对话的持续进行，从而达成对教学内容和主题意义更加丰富和深刻的理解。因此我们需要教会学生"尽责对话"。

"尽责对话"是用来教学生如何进行对话的一个组织框架，旨在加强学生间的有效互动，描述了学生和教师在参与同伴对话后所达成的共识。"尽责对话"包括谈话内容紧扣主题，能运用准确、合适、切题的资料来支撑主题，并且能更深入地思考同伴所叙述的内容。具体而言，"尽责对话"可以分成以下五项指标，每项指标都列出了一项"尽责对话"表达方式（Fisher，Frey，2013：72）。

> "尽责对话"是用来教学生如何进行对话的一个组织框架，旨在加强学生间的有效互动，描述了学生和教师在参与同伴对话后所达成的共识。"尽责对话"包括谈话内容紧扣主题，能运用准确、合适、切题的资料来支撑主题，并且能更深入地思考同伴所叙述的内容。

（1）要重视阐明与解释。如：Could you describe

what you mean?（你能描述一下你想要表达的意思吗？）

（2）要求为提议与质疑提供证明。如：Where did you find that information?（你是从哪里找到这些信息的？）

（3）能识别错误的观点并敢于质疑。如：I don't agree，because ...（我并不认同，因为……）

（4）要求为声明和论点提供证据。如：Can you give me an example?（你能举个例子吗？）

（5）会解释并运用彼此的陈述。如：I think David's saying...，in which case，maybe we should...（我认为大卫是在说……，在这种情况下，也许我们应该……）

同伴协作中，学生的"尽责对话"需要教师维持。当学生遇到难题停滞不前或只有部分学生能够继续时，教师应该立刻承担起认知负荷，采用教师辅导阶段中描述的教学行为，如提出问题或者给出提示等方式，来激活他们的背景知识，使学生回忆起相应的知识或内容。如在前面提到过的温州省级教研活动王老师的课中，在角色扮演介绍 Sarek 国家公园这个活动中，教师设计的活动如下：

Role Play to introduce Sarek National Park

Title：Discovering Sarek National Park

Time：2 minutes

Roles：1 Director，1 Tourist，2 Sami people... (Free to create one)

Checklist：

Do we cover the three aspects (of a national park) properly?

Do we make the play engaging by appealing to various senses?

Do we speak English fluently and accurately?

在教师阐述活动目标与要求之后,学生以小组形式开展同伴协作学习,教师在小组间走动,并参与到同伴协作的活动中。最后,学生代表展示同伴协作学习的成果。展示活动可以分成两部分,第一部分是学生的表演,第二部分是对活动的评价与反馈。其中一组学生的展示活动中,师生的对话记录如下(根据语境,对学生表述中的个别语句错误进行了修正):

S1(Tourist):The air here is really fresh. And the valley and the mountains are so fascinating.

S2(Director):Yeah. You know Sarek has a long history and it was once covered by ice but it melted five thousand years ago.

S1:Oh yeah. But I'm a little bit hungry now. Is there a restaurant nearby?

S2:You know we have no restaurant in such a natural place. See, there are two Sami people. Maybe we can ask them for help.

S3:Hi. Welcome to Sarek.

S1:Hi. Nice to meet you.

S3:Oh, I'm having a flat bread for my breakfast. And next I will try the reindeer meat. Would you like to take a bite?

S1:Em... It smells so delicious.

S4:I'm having some sweet and sour berries. Would you like some?

S1:Oh I'm lucky. They taste delicious and thank you for ...

S3:Ah?

S1：Thank for your ... （*A long pause*）

T：Recommendation?

S1：Yeah. Thank you for your recommendation.

S3：You are welcome. Do you like the natural scenery here?

S1：Yes，I really like it.

S3：There's no denying that it's a treasure for the whole world. Don't you think so?

S1：It is so ... so ...

T：Fascinating? We've learned a new word to show that we are happy and lucky. What is it?

S1：Yes，it's really fascinating and I feel blessed to be here.

在学生的展示活动中，教师首先全程保持了高度的关注和浓厚的兴趣，不仅聚焦于学生的展示内容，还细心观察学生的互动状态和对话进展。当对话遇到阻碍或困难时，教师迅速介入，通过提出启发性问题和提供必要的提示，巧妙地引导学生克服障碍，确保对话能够流畅进行。其次，在学生的对话过程中，教师不仅给予了积极的肯定与反馈，还通过点头、微笑等非言语方式表达鼓励和支持，营造了一个轻松、积极的交流氛围。这种持续的正面反馈极大地提升了学生的参与度和自信心，使他们能够更加自如地表达自己的观点和想法。最终，在教师的精心引导和学生的共同努力下，协作活动得以顺利完成。整个过程中，教师不仅扮演了引导者和支持者的角色，还通过积极的互动和反馈，促进了学生之间的有效沟通和合作，提升了展示活动的整体效果。此外，教师在维持学生的学习动力方面，还运用了形成性评价与即时反馈这一策略。在任务布置之初，教师就清晰地向学生阐述了评价将涵盖内容、语言和表达这三个关键方面，为学生指明了努力的方向。活动结束后，教师进一步引导学生参与生生互评，通过提问激发学生的思考与反馈：

T：What do you think of their performance?

S5：First，they include the three aspects. But in my opinion they include too much food. Second，their play engaged the smell，the taste and the sight of the park. If they include more senses or feelings，it would be better. And they speak English fluently.

T：Okay，thank you very much and thank for your suggestions as well. Anybody else?

这种形成性评价不仅促进了学生对自我及他人表现的反思，还通过即时反馈机制，让学生感受到被重视和鼓励，从而持续保持探究的热情与动力。即时反馈作为教师维持学生探究活动的重要手段，能够确保对话的顺畅进行，推动探究活动向更深层次发展。总之，在逐步释放责任的教学框架中，教师使用教学策略并提供情感支持维持学生的学习动力，促进学生同伴协作中"尽责对话"的顺利开展，对学生养成自主学习能力至关重要。对于学生群体而言，学会协作并在协作中掌握"尽责对话"能力不仅意义重大，而且是一个需要长期培养和实践的过程。值得欣慰的是，当前越来越多的阅读课堂正积极将这一能力培养融入教学实践，展现出良好的发展趋势。

（四）运用与表达：主动表达，共赏成果

独立表现是主动阅读教学路径中的最后一个环节，是阅读教学的目标指向，通常以课后作业的形式呈现。从英语学习活动观的视角，"独立表现"任务聚焦于迁移

"独立表现"任务聚焦于迁移创新活动，旨在促进学生将所学知识应用于新情境，实现知识的深度转化与创新应用。

创新活动，旨在促进学生将所学知识应用于新情境，实现知识的深度转化与创新应用。李秀等（2024：1）强调，迁移创新类活动作为英语学习活动观框架下的最高层级学习活动，不仅是解决复杂问题任务的主要承载形式，也是学习能力向核心素养转化的核心枢纽。此类活动位于三层递进式发展活动（即学习理解类活动、应用实践类活动、迁移创新类活动）的顶端，旨在巩固新知结构，深化主题理解，并力求达成具有反思特性的高通路迁移（high-road transfer）（卢英，李涛涛，2021：59）。两者均强调学生需运用已掌握的知识与技能，通过实践应用，培养其高阶思维能力及独立解决问题的能力，从而推动学生综合素养的全面发展。

1. 学生展示个人阅读成果

独立表现是学生能够在独特的情境中独立应用信息、想法、内容、技能和策略，成为在不依赖他人提供信息和想法的基础上独立完成任务的学习者。在此过程中，教师有意地将认知负荷从教师作为示范者，逐步转移到教师和学习者共同承担，最后由学习者独立练习和应用。在独立表现阶段，提倡设计项目式独立表现任务，设计类型常见有以下四种（Fisher，Frey，2013：109）。

（1）提升熟练度的作业（fluency building）

这类作业让学生练习他们已经掌握的知识或技能。在阅读教学中，指通过系统的、重复的练习，帮助学习者在语言运用上达到更加流利、自如的状态。这种练习不仅关注语言形式的准确性，更强调语言使用的流畅性和自然性。在 *Sarek National Park* 这个课例中可以布置以下作业：

Suppose you were Li Hua. Your friend Alex is interested in your trip to the Sarek National Park. Please write him a letter to tell him the details about your trip. Your letter should include the following information：

1. a brief introduction about the Sarek National Park；*and*

2. your experience in the Sarek National Park.

显然，这是一项提升熟练度的作业，要求学生以李华的身份给朋友 Alex 写一封信，详细介绍自己在 Sarek 国家公园的旅行经历。该作业旨在通过系统的、重复的练习，帮助学生提高语言运用的流利度和自然性，同时巩固已学的知识和技能。

（2）螺旋式复习的作业（spiral review）

这类作业是为了激活学生在当天课堂上学习的新技能或概念所需的背景知识。如高中英语必修三 Unit 5 "读思板块" *The million Pound Bank Note* 这一语篇的阅读课的作业设计：You are supposed to write a play review with the title of "How I value money". You are supposed to：1. narrate the story briefly；2. voice your opinion on the value of money；3. organize your review by referring back to the tips for a review in "Unit 2 Morals and Virtues"（蔡红，2024：29-30）。这份作业要求学生撰写一篇题为《我如何看待金钱的价值》的剧评，这不仅要求学生回顾和应用课文的内容（应用型作业），还要求他们参考同一册教材第二单元中学习的评论策略（螺旋复习型作业）来组织他们的评论。这种方式帮助学生在新的背景下应用之前学过的概念和技能，从而加深对相关主题的理解。这种作业设计鼓励学生综合和反思不同单元的内容，融合了螺旋复习型和应用型作业，为下一节课的展示和进一步讨论奠定基础。

在 *Sarek National Park* 这一课例中，我们也看到类似的作业设计思路：If interested, read *Lonely Planet's National Parks of Europe* to learn more about Sarek National Park。作业建议学生如果感兴趣，可以阅读《孤独星球：欧洲国家公园》一书，以了解更多关于Sarek 国家公园的信息。这一设计同样体现了螺旋复习型和应用型作业的结合：首先，通过阅读相关书籍，学生可以回顾和巩固在课堂上学习的关于国家公园、生态保护等概念。另外，阅读过程不仅是对知识的复习，更是将所学知识应用于实际情境中的过程，有助于培养学生的自主学习能力和评判性思维。螺旋复习型作业也体现了教学单元的整体观，有助于学生在新的背景下深化对知识的理解和应用，促进他们的综合能力和自主学习能力的发展。

（3）应用型的作业（application）

这类作业为学生提供了将新学到的技能应用到新情境中的机会。在 *Sarek National Park* 课例中，大部分作业设计都是应用型作业：

① Based on what we have learned, surf online to find a national park and try to know its features, history, development and so on.

② Introduce a national park you have explored or would like to explore, and try to bring its natural beauty, traditions and history to life with detailed descriptions.

③ Choose a national park and get ready to report.

You are supposed to research information online, describe what tourists can experience with their different senses, and include in your presentation at least three perspectives in terms of its landscape, history, significance, customs, facilities, biodiversity ...

第一份作业要求学生利用网络资源，查找并了解一个国家公园的特征、历史、发展等详细信息。学生需将所学知识应用于实际探索中，通过网上冲浪的方式，收集并整理关于国家公园的各类信息。第二份作业要求学生介绍一个自己已经探索过或希望探索的国家公园，通过详细的描述，将其自然美景、传统和历史生动地呈现出来。第三份作业要求学生选择一个国家公园，并准备一份详细的报告。要求学生通过研究网上信息，描写游客可以通过不同感官所能体验到的内容，以及至少三个视角的呈现（如景观、历史、意义、习俗、设施、生物多样性等）。以上三份作业均要求学生将所学知识应用到实际问题或任务中，以展示他们对概念的理解和应用能力。这些作业不仅考查了学生对国家公园知识的掌握程度，还注重培养他们的信息检索、整理、分析、表达以及评判性思维和创造性表达能力。这些能力对于学生未来的学习和职业发展都具有重要意义。

（4）拓展型的作业（Extension）

这类作业要求学生整合他们在两个或多个学科领域中学到的知识，以加深他们的理解。例如，马瑾辰老师于2023年10月在课题组第二次研讨活动上开设的公开课 *From Problems to Solutions* 的课后作业：Is Aswan Dam project a total success? That is the thing you need to think about. Do some research, collect useful information and think about the advantages and disadvantages of the project. You need to investigate the issue. 拓展型作业要求学生深入探究一个特定的主题或问题，超越课堂内容，进行独立研究和分析。在这份作业中，学生需要对阿斯旺大坝项目进行调查，上网收集有关其优点和缺点的信息，并进行全面分析。这不仅包括了解项目的背景和影响，还涉及评判性思考和评估项目的成功与否。作业要求学生思考解决方案与新问题之间的关系，这是对学生知识的扩展和应用。

在 *Sarek National Park* 这一课例中，我们在前面提到过的省级教研活动中王老师的课上也看到拓展型作业的设计思路。在国家公园禁止现代化发展还是提倡现代化发展这一具有争议性的话题背景下，教师提出课后思考题：How can we ensure that both development and nature protection are done in a way that benefits nature, local culture, and tourists? Write at least 2 practical suggestions and reasons on sticky notes.（我们如何确保发展与保护能够以一种既有利于自然、又有利于当地文化和游客的方式来进行?）为了回答这个问题，教师要求学生至少写出两条实践性的建议，并附上理由，将这些内容记录在便签纸上。这样的设计不仅鼓励学生将课堂所学知识与实际问题相结合，还激发了他们的创造力和评判性思维能力。学生们在思考过程中，可能会从国家公园的可持续发展、生态平衡、文化保护、游客体验等多个角度出发，提出富有见地的建议。通过这一拓展型作业，学生不仅能够加深对国家公园保护与发展之间关系的理解，还能在实践中锻炼自己的问题解决能力。

总而言之，独立表现标志着学生能够在多样化情境中自主运用信息、想法、内容、技能和策略，成为自我驱动的学习者。在此过程中，教师逐步减少直接示范作用，促进学习者独立练习和应用，实现了认知负荷的顺利转移。在此框架下，项目式独立表现任务设计尤为重要。综上所述，提升熟练度的作业强化学生已掌握的技能，螺旋式复习作业通过激活旧知来加深对新技能或概念的理解，应用型作业提供新情境下的实践机会，促进学生将新知应用于实际问题解决中，而拓展型作业则要求学生跨学科整合知识，进行深度探究和评判性分析，以深化理解和创新能力。这些作业类型共同构成了一个全面而递进的学习路径，旨在培养学生的高阶思维、独立解决问题的能力以及综合素养。此阶段，师生责任要求与行为主要如下（见表 3.10）。

3.10 运用与表达（Express）阶段的师生责任要求与行为

教学环节	师生责任要求	教师行为	学生行为
独立表现 运用与 表达 （Express）	学生在理解并掌握知识的基础上，能运用知识在新情境中解决问题，评价自身对新知识、新概念、新技能的理解和掌握情况	• 设计新情境 • 提出一些开放性问题 • 在学生运用新概念和新技能时对其进行观察 • 评定学生的知识和技能掌握情况 • 寻找学生改变思想或行为的依据 • 设计综合评价活动，促成主动表达的回应性评价	• 在新情境中表达新想法 • 利用观察结果、所得数据和已有解释回答开放性问题 • 证明自己理解了概念或技能 • 对自己的进步和所掌握的知识做出评价，发现不足并加以改进 • 提出可进一步探究的相关问题

2. 教师提供有效反馈

"独立表现"任务有助于培养学生的自主学习能力、提高他们的自我管理能力以及促进深度学习和长远发展的目标。通过独立完成学习任务，学生学会如何在没有外界帮助的情况下解决问题和完成任务，这有助于他们成为更自主和自信的学习者。尽管独立表现是培养自主学习的一个关键阶段，因为课时紧张、学生学习任务繁重等原因，很多时候，这个重要的课堂过程在课上只是匆匆提及，没有下文或者反馈不够及时，失去了反馈的意义。事实上，学生非常需要有独立表现的机会。在其独立表现时，教师要关注他们持续的表现并提供及时（timely）、具体（specific）、可理解（understandable）且可操作（actionable）的反馈（Wiggins，1998；转引自 Fisher，Frey，2013：115）。结合我们的教学实际，有效的反馈还需要体现"教—学—评"一体化设计的教学理念。学生独立表现中的"教—学—评"一体化设计的教学理念，不仅

> 学生独立表现中的"教—学—评"一体化设计的教学理念，不仅强调了教学过程、学习过程和评价过程的紧密结合，还明确了教师和学生在阅读活动中的责任移交。

强调了教学过程、学习过程和评价过程的紧密结合，还明确了教师和学生在阅读活动中的责任移交。如在 Sarek National Park 这一课例中，我们根据读思板块"Experience a national park"这一活动目标，首先明确文本主要聚焦于解决以下问题：

Q1：What did the writer experience?（Basic information）

Q2：How did the writer think about the park?（Feelings/Features）

Q3：How did he/she show the feelings?（Senses）

Q4：How did the experience enlighten the writer?（Enlightenment/Significance）

问题 1 指向公园的基本信息；问题 2 指向读者阅读感受，其支撑的证据是公园的特征；问题 3 指向写作手法，即作者用感官描写情绪；最后，问题四指向国家公园的意义。结合文本内容和意义，教学目标可以设置如下：

After reading this passage, students will be able to：

1. form the impression of Sarek National Park by predicting and individual reading；

2. understand the charm and value of Sarek National Park by delving into the meaning of "a hidden treasure"；

3. learn the ways to experience a national park by focusing on activities，feelings（senses）and enlightenment；*and*

4. express individual understanding of national park experience by introducing Sarek National Park.

通过本课学习，学生首先通过预测和自主阅读的方式，初步构建关于 Sarek 国家公园的印象，并深入理解了其被赞誉为"隐藏的珍宝"背后所蕴含的深刻意义。在此基础上，学生学会如何从参与的活动、个人的感觉以及深层的感悟等多个维度去全面体验国家公园，进而能够以 Sarek 国家公园为实例，深刻地表达自己对国家公园的认知与理解。为了实现这一教学目标，教师为学生搭建起认知的支架。从"Relate"（激活与关联）开始，帮助学生将个人经验与所学知识相联系；进而到"Interpret"（释疑与建构），引导学生深入理解国家公园的自然、文化及社会价值；再到"Assess"（评价与批判），鼓励学生评判性地分析国家公园的保护现状与挑战；最终到"Express"（运用与表达），让学生以多种方式展示自己的学习成果与见解。这一过程不仅促进了学生意义建构的逐步深入，也实现了他们思维能力的进阶。接着，结合产出导向的教学理念，本节课的任务评价标准设置如下（见图3.6）。

Evaluation metrics How well do you ...	Ratings (1-5)
1. introduce basic information about SNP with the help of the subheadings?	
2. show the writer's feelings with evidences explained via sensory details?	
3. express what you've been enlightened by the writer's experience?	
4. apply the language you've learned from this passage?	
A rating of 5 indicates excellent performance, while a rating of 1 indicates poor performance.	

图 3.6 基于学生意义加工的评价量规

在本课例中，为了深化学生对 Sarek 国家公园的理解，并锻炼他们的表达能力，我们设计了一项独立表现的任务：要求学生结合自己在 Sarek 国家公园的个人经历，为以下主题句提供生动的例证——A national park is not a playground. It's a sanctuary for nature and for humans who will accept nature on nature's own terms. 这项任务既可以作为同伴协作的活动任务，促进学生的交流与合作，也可以作为独立表现的活动任务，鼓励学生独立思考与表达。基于"教—学—评"一体化的设计理念，可以为学生设计以下评价量规，作为自评、互评和师评的依据（见表3.11）：

表 3.11　Sarek National Park(SNP)课例综合评价量规

Illustrate the topic sentence with the writer's experience of Sarek National Park：A national park is not a playground. It's a sanctuary for nature and for humans who will accept nature on nature's own terms.

Category	Evaluation Metrics	Ratings (1-5)
Content	Accurately presents factual information about Sarek National Park.	
Theme	Clearly addresses the question and provides a balanced perspective.	
Language	Accurate grammar, spelling, and use of thematic language.	
Meta-cognition	Demonstrates reflective thinking and awareness of biases while learning.	
Self-regulation	Efficient use of time and resources for research while learning.	
Total Score		

Scoring Guide：5 = Excellent，4 = Good，3 = Satisfactory，2 = Fair，1 = Poor

Overall comments：_____

_____

以上表格涵盖了内容、主题、语言、元认知和自我调节等多个维度，作为自评、互评和师评的重要依据。评价量规不仅关注学生对 Sarek 国家公园事实信息的准确呈现，还强调了对文本价值的深刻理解与全面回应，以及语言表达的准确性、语法拼写的无误，更特别注重元认知能力的展现，即学生在学习过程中的反思性思维和偏见意识的觉醒，以及自我调节能力的体现，即学生在研究过程中时间和资源的有效利用。这一反馈形式首先呼应了本节课的教学目标与教学活动，体现"教—学—评"一体化设计,同时还把学生的元认知策略与自我调节能力也考虑在内,把学生责任纳入评价范围,提高了学生对自主学习能力培养的意识。通过采用这一反馈方式,教师不仅能够依据详细的评价量规,为学生给出具体分数和总体评价,提供精准且个性化的指导,从而引导他们深化对 Sarek 国家公园的理解,提升表达能力,并培养评判性思维和合作精神;而且,在这一过程中,教师也成了学生表达成果的共赏者,与学生一同分享、欣赏他们在学习过程中的收获与成长。这样的反馈方式不仅促进了学生的全面发展,也增强了师生之间的互动与共鸣。

第四章

►►►►

课堂实践与行动改进

一、初次实践与反思

本章内容是浙江省教育厅教研室组织的省教研重点课题"促进主动学习的英语阅读课堂教学改进行动"的一次磨课过程,上课时长为 80 分钟。教学设计经过了两次重大改变。语篇为高中英语选择性必修一 Unit 4 Reading and Thinking:*Listening to How Bodies Talk*。

(一)初次教学目标设定

1. 语篇分析

语篇属于"人与社会"的主题语境,其话题为"理解(读懂)肢体语言"(Understand body language)。语篇讲述了肢体语言的功能与重要性及其三大主要特征,即:同一肢体语言的含义与作用会因国家或地域的文化不同而不同(差异性),但世界上也存在着具有通用意义的肢体语言（相似性），同时同一种肢体语言会因使用的情境不同而存在不同的功能（情境性）。语篇旨在让读者了解肢体语言在人际交流过程中与有声语言和书写语言一样重要，甚至在一定程度上更能传情达意（What I hide by my language，my body utters），并感悟在跨文化交际中使用肢体语言时应考虑不同国家与地域的文化与习俗，从而避免跨文化交际中出现的误解、尴尬，甚至冲突。

语篇体裁是说明文。文本内容结构清晰，为"总—分"结构，行文逻辑为"一般—具体"。主要的写作手法有举例说明、对比、排比等，所举例子丰富多元且联系生活实际，通俗易懂。同时，语篇标题"倾听身体的诉说"运用拟人化的写作手法，赋予身体以言语的能力，成功吸引了读者的目光并激发了他们的阅读兴趣。语言围绕核心话题，聚焦于如何描述肢体语言的动作，功能语言主要为举例说明、对比比较等方面。

2. 学情分析

本课例的授课对象为高二学生，其英语基础已相对扎实，有良好的英语思维与口语表达能力，能在理解文本的基础上更深入地探究语篇主题意义，并用英语表达其个性化的想法与观点。从语篇话题角度来看，学生对肢体语言这一话题比较熟悉并感兴趣，具备较多的背景知识，因此有较强的主动阅读并探究文本的积极性。从语篇的结构与语言难度来看，学生已具备说明文的文体特征与常见行文结构等基本知识，能较好地把握语篇的"总—分"结构并梳理、理解文本的浅层信息。但学生对"肢体语言的重要性"、"不同文化背景下的肢体语言对跨文化交际的影响"以及"肢体语言在不同情境中的作用"这三方面的体会与感触还不够深刻。同时，在实际生活的人际交流中，尤其在跨文化交际中，对于该如何正确理解他人的肢体语言以及如何运用得体的肢体语言也还需要进一步的学习。

3. 教学目标

Aims：

By the end of this lesson，students will be able to：

（1）acquire the basic information and the structure of the text by relating to what they have learnt，analyzing the title，raising predicting questions，skimming and scanning；

（2）identify the main features of body language and summarize how to better understand body language through learning thematic words and expressions，comprehending the hidden meanings behind the text，identifying the writing techniques and analyzing given situations；

（3）think critically about the importance of body language during interactions by appreciating the famous saying on the front page and video-watching；*and*

（4）write a letter of advice on the appropriate use of body language in China by using thematic words，expressions and writing techniques learnt from the passage.

（二）教学环节呈现

Activity 1：Predicting the content of the text

This activity is designed in preparation for Aim 1.

Step 1：Activating background knowledge about

body language

T：Let's look at the picture here. Do you remember the passage titled *Languages around the world* in Book 1 Unit 5? Why are languages important?

S1：To communicate with others.

T：Yes. We use languages for *communication* or *interactions*.

But what if you meet someone from a foreign country? How will you two communicate with each other if you don't understand what the other says? For example，suppose a French exchange student wants to go to the dining room in your school，(*Greets a student in French*) how will you help him?

Now I will invite two of you to come to the front and act it out.

(*Two students act out the scene by nodding，waving their hands，smiling and so on.*)

We can clearly see that besides spoken language，like English and Chinese，we can also use body language to interact with others，especially with people from other countries.

教师设计的这个活动是为了激活已知并联结新知，激发学生对新话题的探究兴趣。以高中英语必修一 Unit 5 Languages around the world 单元知识引发学生思考有声语言的功能；同时创设情境，让学生思考如果语言不通时该如何沟通交流，引导学生思考除有声语言外，还有无声语言，即肢体语言，可帮助人们开展交流。本活动中的师生行为说明见表 4.1。

表 4.1　师生行为说明 1

教学环节	教师行为	学生行为
激活与关联	• 联结已学必修一 Unit 5 *Languages around the world*，实现在话题上的跨单元联结； • 创设情境让学生角色扮演，提供学生体验话题的机会	• 与教师用英语交流，激活已学单元知识，初步建立已有概念与新概念之间的联系； • 积极参与角色扮演

Step 2：Raising questions about the content of the text

T：Today we are going to explore body language. We are going to learn a passage, *Listening to How Bodies Talk*.

Which word or words impress you most after reading the title?

S1："Bodies Talk" impresses me.

T：Can bodies really talk?

S1：No.

T：So what's the writing technique?

S1：I know the writing technique, but don't know how to express it in English.

T：It's Personification. Why does the writer use it?

S1：Try to attract readers and raise their interest.

T：According to the title, what do you think is the text type?

S1：Exposition.

T：What is the writing purpose of an exposition?

S1：To introduce something.

T：Now we know it is an exposition and the writer wants to introduce something，what do you want to know in the text?

Students' questions：

Q1：Who should "listen to bodies' talk"?

Q2：When should we use body language?

Q3：What kind of body language is there?

Q4：What kind of differences are there?

Q5：What important roles does body language have?

Q6：How can we use body language?

Q7：How can we understand others' body language?

Q8：Why do we listen to body language?

Q9：How do we listen to body language?

教师引导学生读前解读标题，并基于标题判断语篇体裁与写作目的，同时了解语篇标题的写作手法与语篇核心话题词汇。在此基础上引导学生针对文本内容主动提问。本活动中师生行为说明见表4.2。

表4.2　师生行为说明2

教学环节	教师行为	学生行为
激活与关联	•引导学生解读标题关键词与写作手法，进而判断语篇体裁，激发学生阅读新语篇的好奇心； •启发学生主动提问	•解读语篇标题，定位核心关键词并判断标题的写作手法，进而明确语篇体裁、话题，并推断写作目的； •基于背景知识及对标题的理解主动提问

Activity 2: Confirmatory reading

This activity is designed for Aim 1.

T: Now, it's time for you to read the passage to find the answers to these questions and figure out the structure of the passage.

（*Students read the passage individually for information and divide the passage into several parts according to their understanding, paying attention to the key words and the topic sentences.*）

T: Time for sharing! Any volunteer to share your understanding of the passage structure first?

（*The teacher invites one of the students to divide the passage, draw a simple mind map of the structure and explain the reasons.*）

S_1: I divide the passage into four parts. According to the topic sentences, Part Ⅰ is Paragraph 1, because it is about the functions of body language. Part Ⅱ is from Paragraph 2 to Paragraph 4 because these three paragraphs are all about the differences. Part Ⅲ is Paragraph 5. It's about the same meaning of body language. Part Ⅳ is Paragraph 6 and it is about the different uses of body language.

T: Thank you. Now let's share our answers to the raised questions on the blackboard. Any volunteers?

（*Students choose the questions and share their answers one by one.*）

教师引导学生基于标题解读与文本体裁分析开展自主提问。之后让学生带着所提问题进行无干扰自主阅读寻找信息,并在阅读过程中关注文本框架结构,训练学生寻找关键词与段落中心句的阅读技巧。在读后请学生上讲台划分语篇结构并解释理由,同时请其他同学点评、补充或分享自己的观点,落实生生评价,并在之后请学生基于自己的个性化选择分享答案。本活动中师生行为说明见表4.3。

表4.3　师生行为说明3

教学环节	教师行为	学生行为
释疑与建构	• 提供学生无干扰自主阅读文本的机会与足够的时间； • 引导学生自主分析语篇结构； • 邀请学生对所提问题进行解答或解释,并进行拓展提问	• 基于提问,独立阅读语篇,寻找对应的信息并分析语篇结构； • 分享对语篇结构的理解并做出解释； • 针对提出的问题进行个性化解答或解释

Activity 3：Detailed reading for "differences"

This activity is designed for Aim 2.

Step 1：Detailed reading for Paragraph 1

T：How do we usually communicate with others?

S1：We usually use words to communicate.

T：What other ways do we use to communicate?

S1：We can use body language.

T：So why do we use body language?

S1：We use body language to express our opinions and thoughts.

T：Why do we have to listen to how bodies talk?

S1：Because we can learn a lot about what people are thinking and their feelings.

　　教师引导学生分析使用肢体语言的理由，即肢体语言的功能，并进一步思考为什么要倾听肢体语言，从而明确肢体语言在人际交流中的重要性。本活动中师生行为说明见表4.4。

表4.4　师生行为说明4

教学环节	教师行为	学生行为
释疑与建构	• 引导学生深入解读第一段中肢体语言的功能（functions），进而提炼肢体语言的重要性（significance）	• 深入解读第一段内容，并提炼肢体语言的功能，进而明确肢体语言的重要性

　　Step 2：Modeling the analysis of differences in "making eye contact"

　　T：Do all body languages express the same meaning?

　　Ss：No.

　　T：Why?

　　S1：Just like spoken language, body language varies from culture to culture.

　　T：What does "vary" mean here?

　　S1：It means "differ".

　　T：How do you know?

　　S1：The examples in this paragraph show the different meanings of the body language.

　　T：Yes. You made a smart guess. Thank you. We can also infer from "Just like spoken language", because spoken languages vary from country to country. So sometimes when we meet a new word, we can make inferences from the clues in the passage.

T：So how does the writer support this idea?

S2：The writer uses examples to support this idea.

T：What body language do the examples refer to?

S2：The examples are about making eye contact.

T：How does making eye contact vary from culture to culture? Can you explain it in detail according to this table?（见表 4.5）

表 4.5　文本第 2 段信息梳理表

Body Language	Countries/Regions and Meanings	Writing Techniques

S3：In some countries it is a way to display interest. By contrast，in many Middle Eastern countries，men and women are not socially permitted to make eye contact. In Japan，it may demonstrate respect to look down when talking to an older person.

T：Yes，you explained it clearly. So，what does "not permitted" mean here? Can you find one phrase in the paragraph to replace it?

S3：I think "not socially permitted" means "not approved of".

T：Thank you. I appreciate your sharing.

Now let's think carefully. Why is making eye contact not approved of in Middle Eastern countries between men and women?（Do you think making eye contact is approved of between men?）

S4：I think it is because women in Middle Eastern countries have lower social positions because of their religion, and making eye contact sometimes may show there are affairs. So it's not socially approved of.

T：But why is it not approved of in Japan? Is it also because of religious reasons?

S4：No. I think in Japan people value respect for the elderly. So, they don't make eye contact in order to show respect to the older.

T：Good. And we can see, even in the countries where making eye contact is not approved of, there are different reasons. It clearly shows body language varies from culture to culture.

OK. Besides using examples, what other writing technique does the writer use here?

S5：Using contrast.

T：Yes! There is "by contrast" here to show the differences.

T：What about making eye contact in China?

S5：In China we make eye contact to show our respect but sometimes we can not keep eye contact for too long.

T：Yes. I agree with you. You see even Shakespeare put great emphasis on making eye contact. He wrote："There is language in her eyes, her cheeks, her lip, nay, her foot speaks."

So we can clearly see body language varies from culture to culture. With the development of globalization, what does the writer suggest us doing?

S5：The crucial thing is using body language in a way that is appropriate to the culture you are in.

T：What does "appropriate" mean here?

S5：It means "proper".

Step 3：Analyzing differences in the gesture for OK and gestures for "Yes" and "No" as well as the way to greet others

T：Okay，now it's your time to complete the table in your worksheet while reading Paragraphs 3-4 carefully and analyze these two paragraphs as what we did just now（见表4.5）.

Now time is up. It's your time to share your analysis of the two paragraphs. You can use the expressions like "Paragraph 3/4 is mainly about … The writer uses … to support the idea. Examples are…"

（*The teacher invites one student to come to the front and underline the key information while analyzing Paragraph* 3）.

S1：Paragraph 3 is mainly about "The gesture for 'OK'. It has different meanings in different cultures." The writer uses examples to support this idea. In Japan，it means money. In France，it means zero. However，you should avoid making this gesture in Brazil and Germany，as it is not considered polite.

T：Thank you for your analysis. What do "employ"，"interpret" and "identical" mean here?

S1："Employ" here means "use" and "interpret" means "understand". I am sorry I don't know "identical".

T: Never mind. We can make inferences about "identical" according to the sentences here. We know these examples are all about gesture OK. So "identical gesture" means "the same gesture".

I really appreciate your analysis. Can you invite one of your classmates to analyze Paragraph 4?

S2: Paragraph 4 is mainly about the difference in gestures for "Yes" and "No". In many countries, shaking one's head means "No", and nodding means "Yes". By comparison, in Bulgaria and southern Albania, the gestures have the opposite meaning. The writer uses examples and comparison to support the idea. And it is also about the difference in how we greet others. In France and Russia, people may kiss their friends on the cheek when they meet. Elsewhere, people favour shaking hands, bowing from the waist, or nodding the head when they meet someone else.

T: Thank you for sharing.

Now let's come to conclusion. The writer uses examples and makes contrast or comparison to support the idea that body language varies from culture to culture. Do you know other words here that can show the contrast?

Ss: No.

T: Indeed, "however" here is also a word to show contrast or comparison. Besides, we can also use "unlike". （见表 4.6）

表 4.6　文本第 3、4 段信息梳理表

Body Language	Meanings	Countries/ Regions	Writing Techniques
making eye contact	display interest	some countries	using examples, making contrast and comparison
	is not approved of (is not socially permitted)	other countries (Middle East & Japan)	
looking down when ...	demonstrate respect	Japan	
making the OK sign	mean "money", interpret... as "zero", is not considered polite	Japan, France, Brazil and Germany	
nodding one's head, shaking one's head	mean "Yes & No", mean "No & Yes"	many countries, Bulgaria & many, southern Albania	
shaking hands, bowing from the waist, nodding the head	greet someone	some countries	

T：What do the gestures mentioned in Paragraph 3 and Paragraph 4 mean in China?

S3：The "OK" sign in China means "OK", "no problem" or "three". In China, nodding the head means "Yes" and shaking the head means "No".

T：Do you know other body languages that have different meanings around the world?

S3：I know "thumbs-up" has different meanings. It means "great" or "encouragement" in China. But it means "asking for a ride" in some countries.

T：Thank you. You really have a great knowledge of body language.

I'd like to share more with you. Do you know the V-sign gesture? （见图 4.1）The V-sign has two different meanings. If you use it with the back of the hand facing inwards, it means peace in the US and victory in the UK. However, if you use this gesture with the back of the hand facing outwards in the UK, Australia and New Zealand, it is an extremely offensive gesture. It means an insult. So be careful in using this gesture.

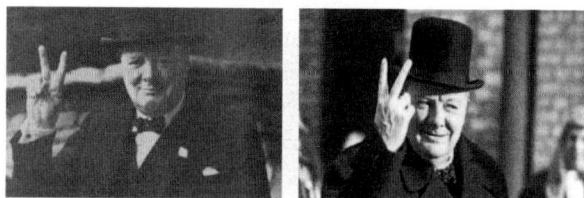

图 4.1 The V-sign

I also want to share another hand gesture with you （见图 4.2）. It also has different meanings in different countries. In many countries, like China and America, it means approval and encouragement. In some countries like UK, Canada, New Zealand, Australia, it is used to ask for a ride. In some Middle Eastern countries like Iraq and Iran, it is a very rude gesture.

图 4.2 Thumbs-up

Step 4： Applying what has been learned in a new situation

T：Now，let me show you an embarrassing experience at an airport. Now it's your time to discuss with your group members to find out why. （见表4.7）

表4.7　情境分析表1

Situation
Tony Garcia from Colombia approached Julia Smith from Britain，touched her shoulder and kissed her on the cheek! She stepped back，appearing surprised and put up her hands，as if in defence. Ahmed Aziz from Jordan moved very close to my classmate Wang Ping as he introduced himself. Wang Ping moved back a bit，but Ahmed Aziz came closer to ask a question and then shook his hand. How embarrassing!

T：Anyone wants to share your group's opinion?

S1：We think for Tony Garcia，it is their custom to kiss someone's cheek when they greet each other but Julia Smith is from Britain and kissing on some one's cheek is not approved of in Britain when they meet. So Julia was surprised. Ahmed Aziz from Jordan likes to have a closer distance than people from China. So, Wang Ping stepped back a bit.

T：Thank you for sharing.

Step 5： Thinking critically about how to listen to other people's body language during the cross-cultural interactions

T：What have you learned about interactions with people from other cultures?

Ss：The crucial thing is using body language in a way that is appropriate to the culture you are in.

T：Yes. Indeed, this just means "When in Rome, do as the Romans do". So, how should we listen to other people's body language?

S1：We need to pay attention to the culture differences when we communicate with people from other cultures.

T：Right. That's a great point. You mean we need to listen with cultural awareness. So what should we do if we intend to improve these cross-cultural interactions?

S1：We need to learn more about body languages of other cultures, understand and respect them.

T：I really appreciate your opinion. You are right. That is what we should do.

语篇中的第2至4段是语篇中非常重要的部分,聚焦不同文化或地域的肢体语言差异。同时,此部分中作者的写作手法鲜明,运用了举例、对比、比较等手法来凸显核心句。因此,教师先示范引领,并与学生共同解读第2段内容,包括段落核心句、写作手法及推理(making inferences)猜测词义等。在此基础上,让学生基于教师示范再一次细读第3至4段并在读后请学生上讲台进行分析与解读。在此过程中,教师基于学生对段落信息的分析与解读适时追问,引导学生思考肢体语言背后的文化意义,比较同一肢体语言在中外文化影响下的不同意义,并适度补充文化知识以丰富其肢体语言知识。然后,教师进一步提供情境请学生基于所学去分析情境中出现的问题并解释原因,从而让学生及时内化所学。最后,教师以两个问题"What lesson do you learn from it if you

have an interaction with people from other cultures?"与
"How should we listen to other people's body
language?"引导学生评判性地深入探究在全球化背景
下,要如何倾听肢体语言以便更好地实现跨文化交流。
本活动中师生行为说明见表 4.8。

表 4.8　师生行为说明 5

教学环节	教师行为	学生行为
释疑与建构 评价与批判	• 引导学生深入解读肢体语言"Difference"的特征,搭建语言、内容与文化意识、策略支架,结构化语篇信息; • 组织学生同伴协作,运用所学去分析并解决问题; • 补充更多相关肢体语言; • 引导学生分析并探究肢体语言背后的文化内涵,评判性思考如何倾听肢体语言	• 自主梳理第 2 至 4 段中有关肢体语言的例子及其在所在国家中的意义; • 判断写作手法(举例、对比、比较),学习阅读策略(推测语意); • 基于新情境,小组讨论分析概括问题并解释理由; • 探究肢体语言存在差异背后的文化内涵; • 思考如何更好地倾听肢体语言

Activity 4：Detailed reading for "similarities"

This activity is designed for Aim 2.

T：Does body language always vary from culture to
culture?

Ss：No.

T：Are there any body languages that have similar
meanings around the world? What are they? Can you
act them out while describing them?

S1：We place our hands together and rest them on
the side of the head while closing the eyes to mean

"sleep". We move our hand in circles over the stomach after a meal to show "I am full".

T：Thank you for your acting and description. So how should we listen to people's body language in the interactions?

S1：We need to listen carefully about the same meanings.

T：Yes. In another way, we need to listen with a global view.

语篇第三部分是关于肢体语言的相似性。教师引导学生通过"表演"与"描述"加深对段落内容的理解。同时，请学生基于生活实际思考更多的例子并通过表演呈现，从而让学生了解肢体语言不仅有差异性也存在相似性，因此在人际交流的过程中，要知晓肢体语言的全球性相同意义，从而更好地促进交流。本活动中师生行为说明见表4.9。

表4.9 师生行为说明6

教学环节	教师行为	学生行为
释疑与建构 评价与批判	• 引导学生深入解读肢体语言"similarities"的特征，搭建语言、内容、策略支架，结构化语篇信息； • 补充相关肢体语言的例子； • 引导学生感悟并思考全球化背景下具有共性的肢体语言对人际交流的帮助，进而评判性思考如何倾听肢体语言	• 主动"表演"并"描述"相关肢体语言； • 补充更多具有相似意义的肢体动作； • 感悟并掌握更多具有相同意义的肢体语言能促进更好的人际交流

Activity 5：Detailed reading for "smile"

This activity is designed for Aim 2.

Step 1：Understanding the importance of "smile"

T：What is the most universal body language in your opinion?

S1：I think the most universal body language is smiling.

T：Every one，let's smile. So，in what situations do you smile?

S1：When I meet my friends，I smile. When I feel happy，I smile.

T：What does "smile" mean to you?

S1：I think it is a way for me to show my feelings.

T：Thank you. Now，let's figure out other meanings and functions of "smile". Please read Paragraph 6 carefully.

S2：Smile can help us get through difficult situations and find friends in a world of strangers. It can break down barriers. We can use a smile to apologize，to greet someone，to ask for help，or to start a conversation. It can also make us feel happier and stronger.

T：Can you conclude it in one complete sentence?

S2："Smile" has many different uses.

T：So how should we listen to people's body language after reading this paragraph?

S2：We need to think about different situations.

T：You really made a point. We need to listen with situational purposes.

Step 2：Watching a video about smile and learning to tell whether a smile is genuine

T：Now，let's watch a short video *Smile Trial* and learn to tell a genuine smile from a fake one.

（*Students watch the video and learn how to tell a genuine smile from a fake one.*）

T：Now，after watching the video，let's think carefully again. How should we listen to people's body language?

S₃：We need to listen carefully whether their smiles show their true feelings.

T：Yes. That means we need to listen with necessary caution during the interactions.

语篇第四部分是关于同一肢体语言在不同情境中的不同用途。教师首先引导学生思考"微笑"的功能及其在生活中的意义，通过分析段落内容，掌握"微笑"的不同功能及表达句式等。接着引导学生基于自身生活实践感悟"微笑"在人际交流中的重要性，从而进一步思考在日常人际交流中应如何倾听他人的肢体语言。然后，教师播放视频 *Smile Trial*，引导学生反思"微笑"的真诚性，提醒学生在人际交流中倾听他人的肢体语言时也应当谨慎。本活动中师生行为说明见表 4.10。

表 4.10　师生行为说明 7

教学环节	教师行为	学生行为
释疑与建构评价与批判	• 引导学生深入解读肢体语言"smile"的特征，搭建语言、内容、策略支架，结构化语篇信息； • 引导学生联结自身实际，感悟"smile"对其的意义； • 引导学生评判性思考"smile"在不同情境中的作用，进而评判性思考如何倾听"smile"传递的真实意义	• 建构并完善对"smile"这一肢体语言的功能与意义的理解； • 学习如何阐述肢体语言重要性的表达与写作手法； • 联结自身实际，感悟"smile"在自身生活中的重要性； • 评判性思考"smile"在不同情境中传递的真实意义

Activity 6：Critical thinking and appreciating

This activity is designed for Aim 3.

T：So after learning the passage，how can we use body language properly?

S1：The crucial thing is using body language in a way that is appropriate to the culture you are in.

T：Which one is a more reliable guide for understanding someone's feelings，their body language or the words they speak? You can have a discussion with your group members.

S2：I think the words they speak is more reliable，because words are more direct and sometimes body language doesn't show the true feelings.

S3：In my opinion，body language is a more reliable guide for understanding someone's feelings，because people will say something that doesn't show their real thoughts，but body language will show their true meanings.

T：Thank you for your sharing. You both made your own point.

Now，let's appreciate the sentence here，"What I hide by my language，my body utters." What is your understanding?

S4：I think body language will show people's feelings that they want to hide or don't want to say.

教师在解读并结构化整个语篇信息后，以"Which one is a more reliable guide for understanding someone's feelings，their body language or the words they speak?"引导学生思考并比较肢体语言与有声语言哪个更能够帮助我们理解他人的情感与意图。同时让学生基于所学理解单元开篇语"What I hide by my language, my body utters."的含义,以此进一步加深学生对语篇主题意义的理解。本活动中师生行为说明见表 4.11。

表 4.11　师生行为说明 8

教学环节	教师行为	学生行为
评价与批判运用与表达	• 引发学生深入反思并评判性探究肢体语言在人际交流中的重要性	• 基于课堂所学,对开放性问题表达个性化观点,并进行解释

Activity 7: Mini-writing

This activity is designed for Aim 4.

T: Now, after learning the importance and the features of body language, please write a letter of advice to your foreign friend.

Mini-writing task:

Suppose a friend from another country is visiting China soon. Please give him/her some advice on body language. (见表 4.12)

表 4.12　微情境写作框架

Body Language	
Dos	Don'ts

教师引导学生基于语篇所学进行个性化的迁移创新,内化课堂所学核心话题词汇、主题意义(肢体语言的

重要性、功能、特征等)与表达差异的写作手法。同时引导其关注中外肢体语言的相似性与差异性,强化其跨文化交际的意识。本活动中师生行为说明见表4.13。

表4.13　师生行为说明9

教学环节	教师行为	学生行为
运用与表达	• 创设情境,组织微写作	• 独立思考,运用所学表达个性化观点

Assignment

This activity is designed for Aim 4.

1. Write a letter of advice on body language.

Write to a foreign friend on his/her first trip to China. You'd better include：

• your understanding of body language in terms of its importance, functions and features；

• your suggestions on dos & don'ts in China.

2. Explore more about the body language online.

任务1旨在联结课内与课外,让学生基于课堂的"mini-writing"输出活动进一步完善写作。任务2旨在引导有兴趣的学生拓展与丰富其肢体语言的知识。本活动中师生行为说明见表4.14。

表4.14　师生行为说明10

教学环节	教师行为	学生行为
运用与表达	• 创设情境,组织课外延伸写作； • 激发学生进一步拓展了解肢体语言这个话题,加深对主题意义的理解	• 独立思考,创新思维,运用所学表达个性化观点； • 积极了解并探索主题意义

（三）课例反思

着眼于在阅读教学课堂中体现"学生是学习的主体"的理念，第一次课堂实践教师是以"联系已学，激活阅读兴趣为导入 — 运用标题把握文本体裁，聚焦话题核心并自主提问 — 分析文章结构与内容，结构化语篇 — 深化文本理解，解读语篇主题意义"来安排教学设计和课堂活动实施的。在课堂教学过程中，有亮点环节凸显"学生主动学习"，但也有一些需要改进的地方。

1. 激活与关联不够充分，启动学习效果欠佳

读前教师应充分研究学情，以合理的方式与有效的内容启动学生学习。本次教学实践中，首先，教师对学情分析不够充分。教师运用法语打招呼的本意是让学生更深刻体会语言不通时肢体语言在交流中的重要性。但在课堂一开始作为导入，学生的反应很懵，无法领会教师的意图，学习积极性在一定程度上受挫，难以进一步调动其学习兴趣。其次，问题链的设问逻辑不够清晰，使得学生的思维不能快速联结已知与新知。以上两点导致学生已有图式激活不充分，新旧概念间的联系无法及时联结，从而使得导入用时较长。再次，"运用法语角色扮演"本意是活跃课堂氛围，但从实际效果来看并没有进一步引发学生对核心话题的思考，这一做法流于形式，并浪费了宝贵的时间。最后，解读标题聚焦太细，且对学生自主提问的指导性不够明确。作为语篇的题眼，该语篇标题 *Listening to How Bodies Talk*，写作手法新颖，运用了拟人手法且浓缩了全文核心话题。教师引导学生解读标题的写作手法与文本体裁

> 读前教师应充分研究学情，以合理的方式与有效的内容启动学生学习。

能有利于学生更好地聚焦语篇核心话题与语篇特征。从此环节的实施效果来看,学生能相对到位地判断标题的写作手法与语篇体裁。但从本堂读思课的宏观整体来看,此活动解读过细且之后各项教学活动间的关联度不大,难以为语篇信息的结构化与语篇主题意义的解读作铺垫。

2. 释疑与建构碎片化,"支架"搭建不充分

阅读课堂中,教师应引导学生基于阅读主动建构新概念、结构化新语篇知识。但在本次教学实践中,教师在"释疑与建构"阶段,还存在以下需改进的地方:

(1)提问与释疑环节,教师能提供学生在课堂中充分阅读语篇的时间,并在读后让学生分享自己对语篇各段落间的逻辑关系的理解与所提问题的信息;教师急需适时追问,但对学生的解答和解释缺乏恰当的评价与释疑,使学生对信息理解得不透彻。

(2)师生协同构建文本理解的"脚手架"搭建不充分。① 学习任务单的结构化建构、针对学习任务单核心内容的拓展性不够清晰。② 意义协商主要以师生间"一问一答"为主,教师思维仍占课堂主导,学生自主思维的空间不大。③语篇解读缺乏"整进整出"的机会,学生无法将碎片化信息整体建构。针对语篇中肢体语言的"difference"、"similarities"及"different uses"的深入解读(第 2 至 6 段),以教师示范解读第 2 段后,让学生先读3 至 4 段并进行解读,然后再细读第 5 段开展分析,最后再细读第 6 段进行探究,这在某种程度上割裂了学生对信息的整体梳理、整合与结构化的过程,解读信息的思路一定程度上被打乱,教学时间也因此被拖长。④ 基于"主题意义"探究的设问针对性不强,没有层次递进,没有以"主线式问题链"引导学生深度探究浅层信息背后的深层含义,而是以"语篇与段落结构"和"写作手法"作为切入点去关注语篇信息。在结构化概念的过程中忽视了主题的引领。解读语篇的核心思路比较浅层,学生无法深度探究主题意义。

3.活动创设缺失真实情境,主动探究动力不足

学生是学习活动的主体,教师应创设合理且真实的情境,主动放手,让其在同伴互动协作中通过同伴间的深度交流与讨论,进一步促进知识的内化,主动建构知识,促进能力发展。但本次教学中,实践应用与读后输出活动的情境创设未基于语篇信息,导致学生实践应用新知活动时无法学用结合,对主题意义的理解与评判无法深入,且未聚焦语篇核心"人际间交流",学生无法产出真情实感。

4.独立表现缺乏内容与评价的支撑,内化迁移质量不高

本次教学实践中,在读后输出环节,教师并未给予足够的方向性指导;其次未让学生先头脑风暴进行思考,而是直接让学生基于要求进行写作,在内容、语言与结构上缺乏足够支撑。同时,评价主体单一,仅以教师评价为主。评价形式仅局限于口头"good""thank you""I like your ideas."等,且评价缺乏明确的量化与聚焦维度,在读后输出环节中,没有明确的评价量化表的支撑,无法落实到具体要点等,从而导致"教—学—评"无法一致,无法有效地反馈与促进学生主动学习。

二、实践改进与说明

在对第一次教学实践进行分析并总结问题后,结合

本课题组构建的 RIAE 英语自主阅读教学实践路径，聚焦"阅读课堂中师生行为动态平衡"以促进学生主动阅读，开展了第二次课堂教学实践。

（一）教学目标重设

Aims：

By the end of this lesson，students will be able to：

（1）acquire the basic information and the structure of the text by relating to what they have learnt，analyzing the title，raising predicting questions，skimming and scanning；

（2）identify the importance and the main features of body language and summarize how to better understand body language through classifying thematic words and expressions，comprehending the hidden meanings behind the text，identifying the writing techniques and analyzing given situations；

（3）compare body language with verbal language and raise their own opinions by thinking critically about the famous saying on the front page；*and*

（4）write a speech to exchange students about the appropriate use of body language in China by using thematic words，expressions and writing techniques learnt from the passage.

基于第一次教学实践并更充分了解学情及进一步明确师生责任后，教师聚焦主题意义"肢体语言对人际交流的意义"的探究与读后输出任务"写一篇向交流生们讲解在中国如何正确使用肢体语言的演讲稿"的支架搭建，从内容、语言与思维上优化了教学目标，并设计落实如下教学活动。

(二)教学改进与说明

Activity 1: Predicting the content of the text

This activity is designed in preparation for Aim 1.

Step 1: Activating background knowledge about body language

T: Hi, everyone. (*waving to the students*) Welcome to my class. You see, just now we used our spoken English to greet each other. And we learnt a passage titled *Languages around the world*. So, what do we use spoken language for?

S1: To communicate with others.

T: Yes. We use <u>spoken language</u> for communication, or for <u>interaction</u>.

T: Besides spoken language, what other language forms do you know?

S1: We have <u>written language</u>.

T: What else?

S1: We also have <u>body language</u>.

T: So in your opinion, what is body language?

S1: Body language is a language that uses our body to communicate.

T: Right. And what types of body language do you know?

S1: We have <u>eye contact</u> and <u>gestures</u>.

T: Thank you. You mentioned eye contact and gestures. Gesture is the way we move our hands. And we also have other types of body language just as Shakespeare wrote in his works, like "<u>facial</u>

expressions" and "postures". Posture is the way we stand and hold our arms.（见图 4.3）

（上述画线部分的生成均作板书）

T：So what can body language help in our interactions? How can we better understand people's body language? Today，we are going to learn a passage titled "Listening to How Bodies Talk".

◆ There is language in her eyes,her cheeks, her lip, nay, her foot speaks.

—Shakespeare

图 4.3 莎士比亚的名言

【实践改进说明】

教师在课堂中更多地融入肢体语言且不再"打太极"，以简洁明了的方式直切主题，时间约为 3 分钟，目的是能更直观地联结学生已知与激活对新知的认识。在上课开始，教师用英语向学生问好，同时伴随肢体语言（如挥手、握手等）的运用。直接呈现高中英语必修一 Unit 5 *Languages around the world* 的首页图片作为引入，激活学生已学知识，思考有声语言的功能。同时引导学生思考除有声语言外，还有肢体语言，呈现本单元 *Body Language* 首页图片，旨在以两图直观比较，引发学生思考语言这个大概念下的不同种类。接着，教师让学生思考肢体语言的定义及其种类，并运用莎士比亚名言的图片补充肢体语言的种类，直观地激发学生相关知识及阅读的兴趣。

【师生责任优化】

这是"激活与关联"环节的活动。教师作为"引导者"开门见山地提问，不再运用法语与微情境表演作为导入，避免混淆学生思维。同时，以英语问好结合"挥手"等肢体动作调动学生积极性与兴趣，并启发式"出声思考"，引导学生联结已学的"前概念"必修一 Unit 5 *Languages around the world*，直接从"有声语言—书写语言—肢体语言"，引出新概念，以此快速激活学生原有图式，与新知识建立关联。

学生主动激活已学知识，结合含有莎士比亚名言的图片(图4.3)，了解肢体语言的定义、形式与重要性。进一步建立与新阅读语篇的联结。这样就使师生的责任都得到了优化。

Step 2：Raising questions about the content of the text

T：Today we are going to explore more about body language. Let's focus on the title "Listening to How Bodies Talk".

Can bodies really talk?

Ss：No.

T：So，what does it actually mean?

Ss：It means the body language.

T：Let's look at the picture here. What's the girl's body language in the picture?

Ss：It is the OK sign.

T：What message does she convey with this OK sign?

S1：Maybe OK.

T：Yeah，maybe. Now，what do you expect to know in the text?

S2：What are the <u>functions</u> of body language?

S3：What <u>features</u> does body language have?

S4：<u>How</u> can we better interact during our interactions through body language?

S5：Is there any <u>difference</u> in body language because of <u>culture differences</u>? （板书以上学生自主提问的问题并用下划线凸显核心主题词汇）

【实践改进说明】

引导学生自主提问前，教师不再过细地解读标题的写作手法，而是基于主题意义的探究逆向设计，通过标题聚焦语篇话题，并结合图片为学生开展自主提问搭建多维度支架，使得其自主提问更聚焦、更有效。同时标出核心词，为学生阅读明确方向。在此活动中，教师给予学生足够的时间思考并自主提问，用时约4分钟。

【师生责任优化】

此活动为"激活与关联"。教师作为"引导者"，鼓励学生大胆自主提问，以进一步激活学生对新语篇阅读的兴趣并建立更紧密的联结。同时，教师板书学生所提问题、下划线核心信息，以明确学生之后的无干扰阅读时的方向，也同时给予学生情感上的肯定与鼓励。学生则基于标题与图片，积极提问，与新语篇建立个性化的联结。

Activity 2：Confirmatory reading

This activity is designed for Aim 1.

T：Now，it's time for you to read the passage to find the answers to these questions and meanwhile，try to figure out the structure of the passage.

（*Students read the passage individually for information and divide the passage into several parts according to their understanding，paying attention to the key words and the topic sentences.*）

T：Time for sharing! Any volunteer to share your understanding of the passage structure first?

（*The teacher invites one of the students to divide the passage，draw a simple mind map of the structure and explain the reasons.*）

S1：I divide the passage into four parts. According to the topic sentences，Part I is Paragraph 1，because it is about the <u>functions</u> of body language. Part II is from Paragraph 2 to Paragraph 4 because these three paragraphs are all about the <u>differences</u>. Part III is Paragraph 5，because it is about <u>the same meaning</u> of body language. Part IV is Paragraph 6 and it is about the <u>different uses</u> of body language.（以上画线部分均为黑板板书）

T：Every one，do you agree with him?

Ss：Yes.

T：Thank you. You did a great job and explained your reasons clearly.

T：Now let's share answers to the raised questions on the blackboard. Any volunteers，which question do you want to answer?

（*Students choose the questions and share their answers one by one.*）

【实践改进说明】

学生基于所提问题与核心信息进行无干扰自主阅读

（阅读用时约 7 分钟）。在本次教学实践中,教师首先请学生上讲台边划分语篇结构边解释理由。同时请其他同学点评、补充或分享自己的观点,落实生生评价。之后,请学生基于自己的个性化选择分享之前自主提问时问题的答案,教师基于学生信息,生成探究语篇主题意义所需的要点并板书。

【师生责任优化】

此活动为"释疑与建构"的环节。教师提供学生足够的无干扰阅读时间让其进行阅读。并在之后信息分享中,耐心聆听并扮演"顾问"的角色。基于学生的信息分享,适时追问或解释补充引领其思考与提炼,并给予适当的评价加以间接指导。学生则带着问题与关键信息独立阅读语篇,检验预测与假设,进行自主释疑,进而形成新的思考。在读完后使用新知识回答最初提出的问题,形成对语篇结构的初步认知。通过与同学、教师以及学习内容之间的多元互动,形成对语篇浅层信息的初步认知。

Activity 3：Careful reading for the importance and the main features of body language

This activity is designed for Aim 2.

Step 1：Detailed reading for the importance of body language（Paragraph 1）

T：According to the functions of the body language you mentioned just now, why is body language important?

S1：We can use body language to express our opinions and thoughts and also learn a lot about what people are thinking and how they feel.

T：So we can clearly see body language is very important for people's interaction.（见图 4.4）

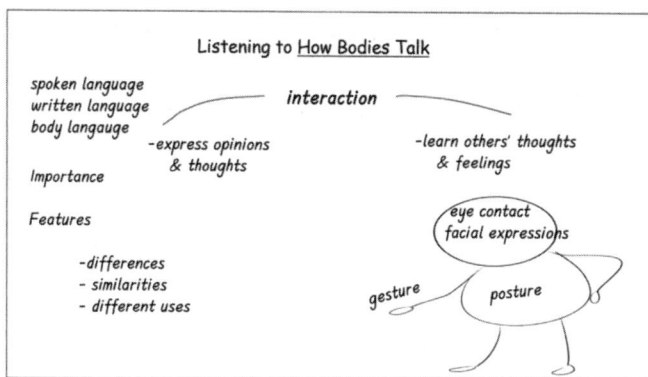

图 4.4　从导入到此环节生成的板书

【实践改进说明】

学生再次细读第 1 段，在获取浅层信息的基础上感悟并提炼肢体语言的功能与重要性。

【师生责任优化】

教师在"释疑与建构"这个活动环节作为"引领者"，以核心问题引导学生基于信息提炼概括形成新观点，给学生的探究指明正确的方向。学生则主动基于段落内信息进行提炼概括，从肢体语言的功能总结感悟肢体语言在人际交流中的重要性。

Step 2：Completing the worksheet with the information from Paragraphs 2 to 6

T：Just as you conclude，body language has three features. It has differences，similarities and different uses. Now，please read Paragraphs 2 to 6 carefully and complete Task 1(见图 4.5)in your worksheet following the example given.

Read Paragraphs 2 to 6 and complete the following table.

How Bodies Talk	They Mean/How They're Used	Country/ Region	How We listen
make eye contact	display interest	some countries	learn watch

图 4.5 学习任务单中的 Task 1

Step 3：Teacher's modelling of analyzing Paragraph 2

T：Now，time's up. It's sharing time. Why are there differences in body language?

S1：Just like spoken language，body language varies from culture to culture.

T：What does "vary" mean here? How do you know?

S1：It means "differ". The examples in this paragraph show the different meanings of the body language.

T：You made a smart guess. Is there any other information that shows you the meaning?

S1：Yes. "Just like spoken language" also shows it means "differ"，because spoken languages vary from country to country.

T：Yeah. Just as you said，sometimes when we meet a new word，we can make inferences from the clues in the passage. This skill is called "making inferences".

T: So, what crucial suggestion does the writer ask us to follow?

S1: The crucial thing is using body language in a way that is appropriate to the culture you are in.

T: How does the writer support this idea?

S2: The writer uses examples to support this idea.

T: Now let's look at the worksheet. Q1: What body language is mentioned in Paragraph 2?

S2: Making eye contact.

T: Q2: What meanings does it have in different cultures? Can you explain it in detail according to your worksheet?

S2: In some countries it is a way to display interest. By contrast, in many Middle Eastern countries, men and women are not socially permitted to make eye contact. In Japan, it may demonstrate respect to look down when talking to an older person.

T: Yes, you explained it clearly. So, what does "not permitted" mean here? Can you find one phrase in the paragraph to replace it?

S2: I think "not socially permitted" means "not approved of".

T: Thank you. So, in your opinion, why is making eye contact not approved of in Middle Eastern countries between men and women? Do you think making eye contact is approved of between men?

S2: I think it is because women in Middle Eastern countries have lower social positions because of their religion, and making eye contact sometimes may show there may be affairs.

T: But why is it not approved of in Japan? Is it also because of the religious reasons?

S2: No. I think in Japan people value respect for the elderly. So, they don't make eye contact in order to show respect to the older.

T: Do you agree with her opinions? For me, I totally agree with her. And we can see, even in the countries where making eye contact is not approved of, there are different reasons. It clearly shows body language varies from culture to culture. Q3: How does the writer show the differences, besides using examples?

S2: Using contrast.

T: Yes! There is "by contrast" here to show the differences.

T: What about making eye contact in China?

S2: In China we make eye contact to show our respect but sometimes we can not keep eye contact for too long.

Step 4: Students' analyzing paragraphs 3-4

T: Okay, now it's your time to analyze Paragraph 3 according to the example of analyzing Paragraph 2 I set just now.

(*The teacher invites one student to come to the front and underline the key information while analyzing Paragraph 3.*)

S1: The gesture for "OK" has different meanings

in different cultures. In Japan, it means money. In France, it means zero. However, you should avoid making this gesture in Brazil and Germany, as it is not considered polite.

T: Thank you for your analysis. What do "employ", "interpret" and "identical" mean here?

S1: "Employ" here means "use" and "interpret" means "understand". I am sorry I don't know "identical".

T: Never mind. We can make inferences about "identical" according to the sentences here. We know these examples are all about gesture OK. So "identical gesture" means "the same gesture".

T: What does the OK sign mean in China?

S1: It means "OK" or "fine", "no problem" or "zero" in China.

T: Yes. And it also means "three".

I really appreciate your analysis. Can you invite one of your classmates to analyze Paragraph 4?

(S1 *invites one of his classmates to the front to analyze Paragraph* 4)

T: Now let's raise our hands and give a warm applause to thank you for your analysis and welcome your classmate.

S2: Paragraph 4 is mainly about the difference in gestures for "Yes" and "No". In many countries, shaking one's head means "No", and nodding means "Yes". By comparison, in Bulgaria and southern Albania, the gestures have the opposite meaning. And it also is about the difference in how we greet others. In France and Russia，people may kiss their friends on the cheek when they meet. Elsewhere，people favour shaking hands，bowing from the waist，or nodding the head when they meet someone else.

T：Thank you for sharing. Every one，do you agree with him?

Ss：Yes.

T：What body language do we use to show "Yes" and "No" and how do we greet when we meet someone?

S2：We nod the head to show "Yes" and shake our heads to show "No". We usually wave our hands or shake our hands to greet others.

T：How does the writer show the differences in Paragraph 3 and Paragraph 4?

S2：The writer uses comparison to show the differences.

T：Now，let's think carefully. Besides the verbs "learn" and "watch"，can you find some verbs in the paragraphs to show how we listen to people's body language?

(*Students shared their words and put them in the table.*)

Step 5：Students' applying what has been learned in given situations

T：What will happen if we don't use body language appropriately?

S1：Misunderstandings will happen and we will feel embarrassed.

T：Yes. It will cause misunderstandings，embarrassments and even cultural conflicts. Here are two situations in the table. Read them carefully and analyze them with your group members. Your analysis needs to focus on：the body language concerned and its meaning in different cultures.

Try to use the words/phrases you've learned in the passage.（见表4.15）

表 4.15 情境分析表 2

Situation 1	Situation 2
When President Nixon first visited Brazil，he put his hands up with the OK gesture when he stepped out of the airport，just as he greeted his people in America. However，the Brazilians around all booed（喝倒彩）on him with angry faces.	The school arranged for my schoolmate Li Dong and me to meet Ahmed from Iran at the airport. However，something strange happened. Ahmed moved very close to Li Dong to shake his hand. When Li Dong moved back a bit, Ahmed came closer. They finally shook their hands but Li Dong was obviously awkward. However, what surprised me most was that Ahmed just nodded at me and didn't even give me a look! How embarrassing!

T：Any one wants to share your group's opinion?

S2：We think President Nixon didn't know OK sign was not considered polite in Brazil. So，when he used it，the Brazilians felt angry.

T：Do you all agree?

Ss：Yes.

T：Thank you for sharing. You've made a point. Can you invite one of your classmates to analyze the second situation?

(*S2 invites one of his classmates to the front to analyze.*)

S3：According to the situation，our group think Li Dong is a boy and "I" am a girl. Because Ahmed is from Iran，he likes to stand close to others when they greet people. But Li Dong is Chinese and we don't like a closer distance，so Li Dong stepped back a bit. Li Dong was embarrassed at that time. And，because "I" am a girl，Ahmed didn't look at me because he thought making eye contact is not socially permitted.

T：I really appreciate your analysis. You explained clearly and correctly.

Step 6：Students' summarizing ways to listen to body language due to cultural differences

T：Q1：What should we keep in mind when listening to others' body language?

S1：We need to pay attention to the cultural differences when we communicate with people from other cultures.

T：Q2：How should we listen to other people's body language?

S1：We need to know the cultural differences.

T：Right. That's a great point. You mean we need to listen with cultural awareness.

Q3：What should we do if we intend to improve these cross-cultural interactions?

S1：We need to learn more body languages of other cultures，understand and respect them. (画线部分均黑板板书)

T：I really appreciate your opinion. You are right. That is what we should do.

Step 7：Detailed reading for "similarities"

T：Body language varies from culture to culture. But，it also has similarities. What body languages do you know have similar meanings around the world? Can you act them out while describing them?

S1：We place our hands together and rest them on the side of the head while closing the eyes to mean "sleep". We move our hand in circles over the stomach after a meal to say "I am full".

T：Thank you for your acting and description. So what should we keep in our mind when listening to people's body language in the interactions?

S1：We need to listen carefully about the same meanings.

T：Yes. In other words，we need to listen with a global view.（板书）

Step 8：Detailed reading for "smile"

T：What is the most universal body language in your opinion?

S1：I think the most universal body language is smiling.

T：Every one，let's smile.（The teacher and students smile together.）So，in what situations do you smile?

S1：When I meet my friends，I smile. When I feel happy，I smile.

T：What does "smile" mean to you?

S1：I think it is a way for me to show my feelings.

T：Thank you. What other meanings and functions does "smile" have? Please read Paragraph 6 carefully.

S2：Smile can help us get through difficult situations and find friends in a world of strangers. It can break down barriers. We can use a smile to apologize, to greet someone, to ask for help, or to start a conversation. It can also make ourselves feel happier and stronger. And we will feel happy if we see the smiling face of a good friend.

T：Can you read the last sentence in the paragraph?

S2：And if we are feeling down or lonely, there is nothing better than seeing the smiling face of a good friend.

T：Yes. Pay your attention to the sentence structure here "there is nothing better than..." to highlight the importance of smiling.

Now, we know "smile" has many different uses. Which of the following uses of "smile" impresses you most? Why?

(*Students' sharing varied.*)

T：Depending on what you shared, we know smiling is very useful and important. A smile costs nothing but gives you so much.

So what should we keep in mind when listening to others' body language?

S3：We need to think about different situations.

T：You really made a point. We need to listen with situational purposes.（见图 4.6）

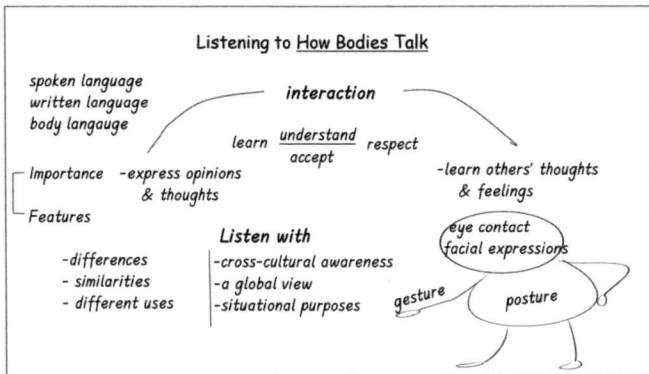

Listening to How Bodies Talk

spoken language
written language
body langauge

interaction

learn　understand　respect
　　　　accept

Importance　-express opinions　　　-learn others' thoughts
　　　　　　& thoughts　　　　　　　& feelings

Features

-differences　　*Listen with*　　　eye contact
- similarities　-cross-cultural awareness　facial expressions
- different uses　-a global view
　　　　　　-situational purposes　gesture　posture

图 4.6　课堂阅读生成的完整板书

【实践改进说明】

1. 改进学习任务单的设置。基于语篇主题意义与行文逻辑,在第一次教学实践的基础上,通过联结标题核心词"how bodies talk"与"listen",显化语篇内的隐性逻辑,并聚焦核心话题词汇,凸显解读语篇信息的维度,以便更好地为学生搭建解读维度上的支架。

2. 整体阅读第 2 至 6 段。结合自主提问与信息分享生成的信息,教师让学生二次细读第 2 至 6 段,并在读时完成学习任务单中的第一项任务。学生初步自主厘清语篇中关于肢体语言的例子、表达倾听的动词与写作手法(对比与比较),进而完成学习任务单(如图 4.5)。

3. 以"师生间同伴协作"形式展开。教师示范引领,师生共同解读第 2 段。以 Q1 至 Q3 三个主线问题将碎片信息结构化,同时提醒学生明确段落核心句,判断写作手法,学习"making inferences"的策略,并以追问的形式使学生深入思考肢体语言意义不同背后的原因是由文化与地域差异导致的。同时结合具体肢体动作的例子，让学生联结中国文化，思考该肢体语言在中国文化下的含义，激发其跨文化的意识。

4. 不再"一问一答"，而是请学生以"小老师"的身份上讲台以"出声思考"的形式分享个性化理解。学生基于教师示范与三个主线问题边在 PPT 上做标记边分析与解读第 3、4 两个段落涵盖的具体信息。此过程中教师并不打断学生的思路，而是给予足够的无干扰分享时间。在学生分享后，基于学生的解读与生成，教师引导学生聚焦核心内容作拓展性理解，以共同完善学习任务单，为主题意义探究作铺垫。

5. 以第 3、4 段中"differences"相关的例子为基础，重新创设情境内容，让学生实践应用。同时明确解读情境的聚焦维度（"肢体语言"、"其在不同文化中的含义"及"话题词汇"三方面）。

6. 以"生生间的同伴协作"应用所学新知。教师先组织学生小组讨论，通过"理解情境—明确问题—分析原因—提供建议"交流讨论。然后再次请学生作为"小老师"，以"出声思考"的形式边分析边在 PPT 上做标记，在迁移运用中进一步强化其所学。教师同样给予其无干扰的分享时间并做出评价。

7. 聚焦并加强"跨文化交流"的意识，以问题链 Q1至 Q3 引导学生在结构化语篇信息后，深入理解主题意义，并反思在全球化背景下，要如何倾听肢体语言才能更好地实现跨文化交流。

8. 基于"similarities"与"different uses"之间的隐性关联，让学生"表演"与"描述"第 5 段中的肢体动作去体会肢体语言具有相同意义的特点后，请学生头脑风暴更多类似的例子并进行表演，从而引出"微笑"这一具有全球共性的肢体动作。之后引导学生分析"微笑"的不同功能，明确其在人际交流中的重要性，引导学生联系生活实际去感悟"微笑"在人际交流中的重要性，从而进一步反思在日常人际交流中应基于不同的情境去倾听他人的肢体语言。在此过程中兼顾学习"表达微笑不同功能"的主题语言。

9. 不再播放 *Smile Trial* 视频，避免混淆本次读思课对主题意义的理解，同时留出更多的时间给学生去进行读后反思与个性化的创作表达。

【师生责任优化】

此活动兼具"释疑与建构"与"评价与批判"两大环节，体现了师生责任优化。活动以"学生自主构建"为核心，教师作为"辅导者"、"组织者"、"启发者"与"激励者"展开教学活动。

1. 教师作为"引导者"与"启发者"，优化学习任务单，凸显语篇信息解读的维度；不再割裂第 2 至 6 段的阅读，而是先让学生基于学习任务单整体梳理、整合语段的浅层信息，初步尝试将碎片信息结构化。

2. 组织整体阅读代替碎片化阅读，并再次提供无干扰阅读的时间。以"师生协作"引领学生基于三个主线问题解读第 2 段，为学生之后的独立分析搭建语篇解读在思维上的支架。

3. 在结构化信息与学生意义协商过程中，不再"一问一答"，而是引导学生"出声思考"解释其思维，给予学生有限范围内的足够自由去思考。教师在基于学生分享的基础上，针对核心内容作拓展性解读与辅导。

4. 以"基本小组活动"与"产出性小组活动"组织学生"同伴协作"，使其在讨论中阐明观点，巩固理解，并且以小组代表发言的形式将学习责任落实到人。

5. 以主线问题建构起结构化知识的逻辑思维支架，引导学生解读主题意义，搭建了语篇解读在思维上的支架，为学生结构化信息并建构新知与新概念提供明确的方向和指向，也为读后的个性化表达作铺垫。

表 4.16　整合与建构后师生共同完善的学习任务单

How Bodies Talk	Meanings/Uses	Countries/Regions	How We Listen
make eye contact	display interest	some countries	
	be not approved of (be not socially permitted)	other countries (Middle East & Japan)	
look down when...	demonstrate respect	Japan	
employ the OK sign	mean "money", interpreted...as "zero", be not considered polite	Japan, France, Brazil and Germany	
nod/shake one's head	mean "Yes & No", mean "No & Yes"	many countries (Bulgaria & southern Albania)	learn watch witness think encounter interpret
kiss...on the cheek	greet someone	France and Russia	
shake hands, bow from the waist, nod the head		elsewhere	
place...and rest... while closing..., move...over... after...	mean "sleep", say "I am full."	everywhere	
smile	help...get through..., find friends, break down barriers, apologize, greet, ask for help, start a conversation, make yourself happier and stronger		

（左侧括注）
differences
similarities
different uses

6. 提供"即时辅导"。在学生实践应用已学新知分析情境的活动中仔细观察,并在发现有些小组无法将学习责任顺利进展下去时,给予及时的辅导、提示等。

7. 落实"教—学—评"一体化,作为"激励者"在课堂中积极鼓励并肯定学生,以"顾问"的角色给予学生支持与鼓励,建立轻松且友爱的学习氛围。同时运用肢体语言(如竖起大拇指、鼓掌等)让学生在真实环境中既得到鼓励又体会肢体语言(见表 4.16)。

Activity 4：Comparing and appreciating

This activity is designed for Aim 3.

T：So after learning the passage，which one is a more reliable guide for understanding someone's feelings，their body language or the words they speak？You can have a discussion with your group members.

S1：In my opinion，body language is a more reliable guide for understanding someone's feelings，because people will say something that doesn't show the real meanings of what they think，but body language will show their true meanings.

S2：I think body language is more reliable，because it will show people's true feelings that they don't want to say.

T：Thank you for your sharing. Just as you said，body language is important during the interactions，because "What I hide by my language，my body utters."．(见图 4.7)

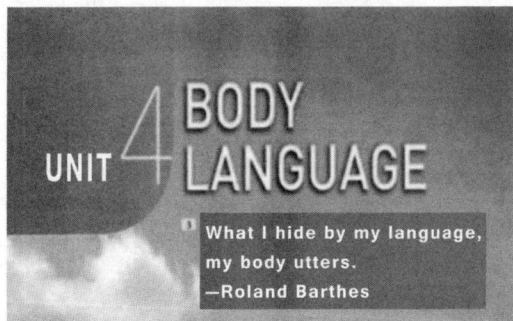

图 4.7　单元开篇页名言

【实践改进说明】

以"Which one is a more reliable guide for understanding someone's feelings，their body language or the words they speak?"引导学生思考在交流过程中肢体语言与有声语言哪个更能够帮助我们理解他人的真实情感与说话意图。并在学生分享个性化观点后，以本单元开篇语"What I hide by my language，my body utters."进一步加深学生对语篇主题意义的理解。

【师生责任优化】

此活动为"评价与批判"环节。教师作为"引领者"、"启发者"与"激励者"，以探究主题的核心问题启发学生探究主题意义。学生基于所学自主思考、探究，进而表达个性化的观点并解释理由。

Activity 5：Mini-writing

This activity is designed for Aim 4.

T：If a group of exchange students from different countries are visiting your school，what advice on body language will you offer to them?

Please write a short speech to a group of exchange

students on body language.

Mini-writing task：

A group of exchange students from different countries are visiting your school. You are to give them a speech about the appropriate use of body language in China，in terms of its importance and features with at least one example.

【实践改进说明】

改进读后输出任务。1. 创设"为访校的国外学生做一个关于在中国合理运用肢体语言的演讲"的情境。2. 明确了微写作任务的方向：① the importance and features of body language；② offering at least one example from the text or from your own experience。3. 优化活动开展的形式，以"头脑风暴分享—独立写作表达—分享并共赏成果"的形式展开。4. 教师与学生均进行点评。

【师生责任优化】

此活动为"运用与表达"环节，明确了师生的责任。教师作为"辅导者"、"组织者"与"激励者"，首先基于学生生活实践设计新情境作为读后输出任务，并给出了写作需要包含的要点，提供了方向性的指导。这一任务要求学生围绕文本基本内容和主题意义，并基于生活实践与文化知识尝试融合语言、文化和思维的综合运用。教师给予学生足够的时间(5.5分钟)，让他们运用所学新知识与写作新技能进行微写作，表达个性化观点。在此过程中作为"辅导者"，适时为有困难的学生提供即时辅导。同时，再次提供语言、内容与写作技巧上的支架(即再次呈现解读后完整的表 4.16)。因此学生在较短的时间内生成了比较优秀的语篇。在学生分享其写作成果后，教师作为"激励者"，及时"共赏成果"，对其知识与技能的掌握情况给予明确的评价与鼓励,提供了积极的、安全的学习氛围,也落实了"教—学—评"一体化。

学生则基于新情境,先头脑风暴进行主动思考、自主解疑,运用已学新知识与写作技能独立写作表达新想法。在完成写作后,主动分享写作成果,并在同伴或教师的点评后进行自我反思并改进不足,或积极点评同学习作给予明确反馈。

Assignment

This activity is designed for Aim 4 .

1. Polish the speech about body language and exchange it with your deskmate for assessment.

2. Watch the TED(Technology, Entertainment, Design) video—*Your Body Language May Shape Who You Are*, and share your new thoughts about body language in the next period.

【实践改进说明】

改进课外延伸学习任务。任务 1 旨在以课外联结课内,让学生进一步完善课内的微写作。任务 2 给出学生具体观看的视频,更有针对性地引导学生在课外延伸拓展相关肢体语言的重要性。

【师生责任优化】

此活动是课堂外的"运用与表达"环节。课外巩固作业的形式主要以螺旋式复习作业与拓展型作业为主。教师以课内读后输出活动为基础,设置螺旋式复习作业(任务 1),旨在联结课内与课外以巩固课堂所学。同时,设置拓展性作业(任务 2),以"视听"的形式激发其探索的兴趣,引导学生进一步拓展了解。学生则基于不同的任务进一步反思并改进存在的问题,并在学有余力的情况下阅读或学习相关话题的拓展语料,进一步探究主题意义。

三、结论与共识

本课堂教学实践经过团队精心打磨,力求在阅读课堂中通过转变教师角色,优化课堂中教学活动开展的方式,以 RIAE 英语自主阅读教学路径设计并开展教学活动,通过"(教师)示证与辅导启发并搭建支架—(学生)自主提问、主动阅读—同伴协作、主动探究—独立表现、主动表达",教师逐步释放学习责任给学生,并作为"激励者"积极评价提供情感支撑,最终促进学生主动学习。我们在反复的磨课与讨论中达成了以下共识。

(一)多元解读文本,聚焦主题意义探究

首先,教师在课前应充分解读文本,明确教学目标。文本解读是阅读教学的逻辑起点(葛炳芳,2013:9)。教师充分解读文本进而确立教学目标,是开展主动学习课堂的前提,然后才能有效引导学生,为其在课堂阅读过程中主动建构意义明确方向。在此基础上,教师也应明确阅读课堂中学生独立表现的任务与形式,以始为终逆向设计阅读教学活动。文本解读可以从不同维度出发,如解读体裁特征与语篇知识、解读内容挖掘主题意义、解读语言品味其传情达意的功能、解读文化知识培养跨文化交际意识等。但这些均需以探究并理解主题意义为目标,综合而有侧重地进行课堂教学活动的设计与组织(葛炳芳,2013:13)。比如,在第一次教学实践中,*Smile Trial* 视频是非常好的培养学生评判性思维的资源,但与本语篇主题意义的探究并不契合,因此在第二次教学实践中不再使用。再如,第一次教学实践时导入部分采

用了"情境中表演肢体语言"的教学活动,虽然课堂氛围热烈,学生参与的积极性也很高,但与课堂思维的生成及主题意义建构关联不大,因此在第二次教学实践中不再采用。

> 同一篇文本会有不同角度的解读,也会存在大量的可挖掘分析探讨的亮点,但是阅读教学活动的设计均需以"主题意义探究"为目的,以独立表现任务为终。

其次,需要注意的是,同一篇文本会有不同角度的解读,也会存在大量的可挖掘分析探讨的亮点,但是阅读教学活动的设计均需以"主题意义探究"为目的,以独立表现任务为终。这就需要教师进行取舍。例如,第一次教学实践中,针对文本标题"Listening to How Bodies Talk"的特点进行了解读:作者运用拟人的手法去吸引读者。但从实践教学来看,它与课堂中主题意义的探究关联性不大,无法为解读主题意义搭建支架,因此在第二次教学实践中不再使用。

此外,不同的语篇解读会生成不同的课堂核心聚焦与切入口,但无论如何教师都需要避免过度预设,因为过度预设会限制学生思维与主动解读过程中的个性化生成。

(二)有效搭建"支架",逐步释放学习责任

> 教师需要在"放"学习责任前,搭建语篇解读的支架,从内容的探究、语言的品读、意义的协商等多维度进行示范引领。

1. 教师需示范引领,搭建多维支架。阅读课堂中学生的主动学习需要教师引导。教师需要在"放"学习责任前,搭建语

篇解读的支架,从内容的探究、语言的品读、意义的协商等多维度进行示范引领。值得注意的是,这里的教师示范引领并非教师"一言堂",而是以引领性的问题或学习任务与学生进行意义协商,以追问或评价的形式优化学生生成的结构化信息,完善意义建构。

2. 创设真实情境,增强切身体验。教学活动需以真实情境为切口,如读后独立表现任务,应考虑两大因素:① 情境的真实性且需关照课内所学语篇的话题与主题意义;② 任务要求需聚焦清晰的维度,回应读时搭建的语言、内容、思维的支架,提供学生迁移输出的方向性指导。

(三)以"评价"动态平衡"教"与"学",有效支撑主动学习

促进学生主动学习的高中英语阅读课堂中,教师的教与学生的学应朝着同一个方向,即课堂教学的最终目标,形成合力。而要有效促使合力的形成,从而促进"教"与"学"的进一步推进,则需要在课堂中不断以"评价"来维持动态平衡,进而有效支撑学生的主动学习。

> 要有效促使合力的形成,从而促进"教"与"学"的进一步推进,则需要在课堂中不断以"评价"来维持动态平衡,进而有效支撑学生的主动学习。

学生在阅读课堂中是否产生了有效的主动学习,教师可从其自主提问是否有效、主动多元对话是否建立起意义的深度联结,有否结构化新知,进而能否主动探究感悟主题意义,最终能否有效内化并创新表达等角度来评判主动阅读是否高质量。从 RIAE 路径来看,评价应贯穿整个阅读课堂,动态平衡教师的"教"与学生的"学",有

效支撑主动阅读。

主动阅读课堂可以多元评价及时促进学习。学生主动积极的学习，需要情感的支撑。教师应是学生安全感、归属感、尊重感、方向感的提供者（葛炳芳，2024：26），及时有效的评价是营造良好学习氛围的有效途径。

1. 评价主体应多元。传统的教学评价以教师为主体，但无法落实学生参与的广度与深度，无法激发学生学习的积极性。因此，要在阅读课堂中培养学生成为评价的主体，可以开展生生互评、学生自评等。学生的有效点评能反过来促进学生对知识的掌握，提高学生在阅读课堂中的参与积极性。

2. 评价形式应多样。课堂教学评价可有多种展示形式，如口头点评、动作表现等，以营造安全积极的学习氛围。"通过师生共同探讨作品中的亮点和可以改进地方的活动，达成师生'共赏成果'的目标，在肯定学生学习成就的同时，促进师生间深层次的互动与反思，深化学生的学习体验"（蔡红，2024：30）。本教学实践中教师积极通过语言（如 excellent points；your idea is really inspiring；I really appreciate your opinion because you analyze the reasons and results clearly 等）与动作（如竖起大拇指、举手鼓掌等），给予学生鼓励与肯定，使其获得成就感与满足感，增强其学习的动力。

综上所述，课堂中动态平衡师生责任是实现学生主动学习能力培养的关键。教师在课堂中的每一个角色并不是孤立存在于某个教学环节的，它们是相互交织与互补的，需要教师有"综合而有侧重"的思路定位教学目标和学习任务（葛炳芳，2023：

> 课堂中动态平衡师生责任是实现学生主动学习能力培养的关键。

9)，并定位自身的综合角色，以适应不同教学情境和学生需求，最终真正地促进学生的主动学习。

第五章

研究与思考

　　本课题组致力于探讨在英语阅读课堂教学中教师和学生分别应承担的角色与职责，以期构建促进学生主动参与和自主探索的教学环境。在"扶放有度"支架式教学框架的指导下，课题组确定了 RIAE 英语自主阅读教学路径，即"Relate—Interpret—Assess—Express"，分别指向阅读活动的四个阶段："激活与关联""释疑与建构""评价与批判"以及"运用与表达"。教师通过激活已知与关联新知启发学生自主提问，引导学生主动阅读。师生互动解答疑惑，整合文本内容，建构主题意义。学生同伴协作，积极探究，阐释和评判语篇意义。学生独立探究，主动表达个人的观点、意图和情感态度。在这一过程中逐步从教师主控的"I do it"过渡到让学生"You do it alone"，达成教师责任的有序释放。我们希望我们对师生责任的研究能够有助于一线教师在英语阅读课堂中实施和推进主动学习。

一、体验与收获

(一)教师更新教学理念,教学才能翻开新篇

在教育发展的历程中,传统的以教师讲授为主的课堂模式曾发挥着不可替代的作用,为知识的传承与传播奠定了坚实基础,培育了一代又一代的人才。然而,时代在变迁,教育环境与需求也在不断变化,这种模式逐渐暴露出教学方法固化、缺乏创新活力的弊端,陷入了一定程度的僵化困境。为了更好地帮助学生发挥主观能动性,转换课堂教学模式刻不容缓,而实现这一转变的核心要点,正是教师教学理念的更新。

促进学生主动学习的英语阅读课堂,首先需要重新定位教师角色和学生责任,这是真正落实学生主动学习的基础。教师需深刻认识到学生被动聆听式学习在当今多元化学习需求下的局限性,才能从根本上改变教学行为。课堂的主体是学生,教师不应过分控制课堂,而应作为"协商者""组织者""激励者""共赏者"(葛炳芳,2024:26),将更多精力放在激发学生学习的主动性与积极性上,引导学生自主提问、主动阅读、主动多元对话建立关联,从而建构意义并结构化新知,进而感悟主题意义,最终创新表达。我们相信,在教师传承传统教学模式优点的同时,突破填鸭式教学的局限,学生能从被动接受转为主动探索,课堂氛围也会随之活跃起来,教学的新局面才有可能真正打开。

> 促进学生主动学习的英语阅读课堂,首先需要重新定位教师角色和学生责任,这是真正落实学生主动学习的基础。

（二）教学双方责任明确，教学才能相辅相成

为了促进主动学习，师生在英语阅读课堂的各个课堂环节中应职责明确。针对目前教学中教师该放手时不放手，越俎代庖，该扶助时不扶助，作壁上观等现象，课题组在实践中形成了 RIAE 英语自主阅读教学路径，并在各个教学阶段中明确了师生责任。在"激活与关联"阶段，教师的职责在于有效地激活学生的先验知识，构建新旧知识间的桥梁，从而引发学生对新知识的兴趣与好奇。除启动整个学习活动外，更重要的是激发学生自主提出具有探究价值的问题，引领后续阅读活动。在"释疑与建构"阶段，教师通过提出问题、给出提示、提供线索以及直接解释等方式，为学生的技能或知识发展搭建支架，师生共同完成对语篇意义的结构化建构，教师在这一过程中逐渐将学习责任向学生移交。而在"评价与批判"以及"运用和表达"阶段，学生的学习行为逐渐成为课堂的主导，学生通过同伴互相协助及交流讨论，深入探讨文本意义，最终实现主动表达，即学生能自主表达个人见解与创意，展示其学习成果。

在 RIAE 英语自主阅读教学路径中，教师从"扶"到"放"，学生从"知识内化"到"主动表达"，教师职责逐渐释放，师生责任动态平衡。因为教师在教学活动的主导作用，教师应明确自己作为文本意义的"协商者"、教学活动的"组织者"、学习动力的"激励者"、语言文化的"共赏者"的职责，引导学生在教师所搭支架的协助下自主提问，主动参与活动，建构意义，回应所学。教师应对文本的意义有上位的引领，对学生的生成困难有及时的协助，引领学生逻辑融洽地整合碎片化信息，使信息结构化。教师还应充分尊重学生的生成，鼓励学生在新情境中回应所学。

同时通过教学评价,促使学生改进回应。总而言之,明确师生双方责任,各司其职,教师能有效助力学生掌握知识技能,推动其主动学习,提升自主学习能力、评判性思维,促进综合素养全面发展。

> 明确师生双方责任,各司其职,教师能有效助力学生掌握知识技能,推动其主动学习,提升自主学习能力、评判性思维,促进综合素养全面发展。

(三)教学责任有序释放,教学才能行稳致远

主动学习视阈下阅读课堂教师角色的实现路径,可用"激活"、"帮助"、"丰富"以及"助推"四个动词来描述教师的角色。要把教师责任转化为学生责任,教师需要在一定的路径中有序地实现。在"RIAE 英语自主阅读教学路径"实践中,我们将师生责任落实在具体的教学活动中,在各个阶段明确师生双方的责任,通过相关的教学设计与课堂活动,逐渐有序地释放责任,使学生责任落地。但是教无定法,主动学习视阈下的英语阅读教学也不会拘泥于某几个教学步骤,也不限定在一节课中要完成几个教学步骤,而是通过教师从宏观上明确方向,在微观上通过搭建有效教学支架,通过一定的路径来逐渐实现。教师工作的最终指向是学生学会学习,教师的角色定位应围绕着"You do it alone"这一最终目标而开展。

我们也认识到,学生主动学习能力的提升与习惯的养成是无法一蹴而就的。促进主动学习的英语阅读课堂与传统"预制式"的阅读教学有本质的差别。教师通过启发学生自主提问来引领阅读,通过师生协作互动来建构文本意义,通过生生协作来回应所学,通过独立作业来实现主动表达。这样的教学模式要求师生之间、生生之间

有良好的协作机制。教师要具备上位的激发、引领、评价的能力，学生要具备协作、主动探究的能力与意识。这种能力的培养是一个漫长的过程，并非通过一节课或一次尝试就能有效提升，教师切勿因一两次失败而贸然否定学生，否定主动学习的可行性，而要有打持久战的准备，耐心地培养。在实践促进主动学习的阅读教学初期，课堂貌似进度缓慢、效率低下，但我们坚信，通过教师的耐心培养引导，逐步释放责任，学生能学会自我管理与自主学习，以及主动规划学习任务，实现能力素养的稳步提升。从最初的依赖教师讲解，到后来能够独立完成较复杂的学习任务，一步一个脚印地实现知识与能力的双重积累，为未来的学习和发展筑牢根基，真正实现教学的行稳致远。

> 通过教师的耐心培养引导，逐步释放责任，学生能学会自我管理与自主学习，以及主动规划学习任务，实现能力素养的稳步提升。

二、过程与感悟

在做课题的两年时间里，我们有因为课题研究进展缓慢而焦灼，也有因为课题研究有所突破而欣喜。在课题研究接近尾声的时候，我们深切地感受到在研究的过程中，我们收获满满。大量的文献阅读为我们指明方向，印证了我们的一些设想。GRR 教学框架理论（The Gradual Release of Responsibility）为我们的研究提供了宝贵的引导。可以说没有文献阅读就无法串联起课题组许多零星的思考。在这几年里，本课题组参加了多次大课题组的研讨活动，也让我们受益匪浅。参加研讨前，课题组一次又一次地上课磨课，既磨砺了上课的老师，也使课题组的各位成员更和谐团结，每人都贡献自己的智慧，以最好的状态展示我们自己。在研讨活动中，大家的真知灼见让人耳目一新，思维碰撞中产生的火花让人回味良久。大课题组的集体研讨中，同伴的思想总是让人醍醐灌顶。

在尝试促进学生主动学习的阅读课教学初期，我们常常苦恼学生不愿意在课堂上主动表达。随着高中生思维能力的增强和知识面的拓宽，他们理应更喜欢也更擅长表达自己，但事实却恰恰相反。我们意识到很大程度上有着教师方面定位失衡的原因。随着课题研讨的深入，当我们重新定位了自己的角色，尝试逐渐让学生更多地承担起学习主体角色，我们欣喜地看到学生的表情一点点生动、鲜活起来。我们真实地感受到了主动学习对学生的意义与价值，也倍感促进学生主动学习的努力在高中阅读课堂中的可行性和迫切性。在这样的课堂里，学生的阅读自

> 我们真实地感受到了主动学习对学生的意义与价值，也倍感促进学生主动学习的努力在高中阅读课堂中的可行性和迫切性。

由得到了提升，学生的产出得到了尊重，这极大地激发了学生的创造力，提升了他们的主动表达能力。同时，学生在课堂中更好的表现反过来促使了教师的改变。课堂不再按部就班地按照教案预设发展，文本的意义是师生协商构建的，课堂的生成是在师生互动中动态生成的，这也提升了教师的辅导能力与评价能力，此所谓教学相长。

本次课题研究提升了课题组成员的科研能力，也坚定了我们做"草根"研究的信心，从课堂中来到课堂中去，课题研究对每个课题组成员都意义深远，无论是功成名就的正高级老师，还是初上讲坛的青年才俊。本次课题

研究的经历将是我们未来岁月中值得回首的美好记忆，也将是我们回归课堂、回归学科本质、回归教育初心的思维"燃点"。

三、后续研究启示

课题组在"扶放有度"教学理论指导下，在实践中形成了 RIAE 英语自主阅读教学路径，探索通过阶段性明确及动态调整师生责任来实现教师责任的有序释放，培养学生的主动学习能力；但是受时间和能力的影响，无法做到尽善尽美，对于 RIAE 英语自主阅读教学路径在高中阅读教学中的落实与应用仍然存在相当多的研究空间，有待课题组和广大同仁们继续深入开展研究。

• 如何落实阅读课堂上各方的默契合作？

毋庸置疑，师生之间、生生之间的默契合作，是促进主动学习顺利开展的一个非常重要的因素。RIAE 英语自主阅读教学路径的落实极大地依赖师生之间、生生之间熟练的互动与交流。如果能够在阅读课堂上培养起各方的默契合作，教师在示证阶段明晰的目标会成为师生共同努力的方向，教师的各种指令能被快速有效地理解与执行，学生在各种类型的课堂活动中能运用"尽责谈话"等技巧进行有效的沟通与交流，阅读教学的效率会得到极大提升。如何培养起这样的课堂新常态，建立良好的课堂运行机制，以保证主动学习的顺利开展，有待我们更细致深入的研究与探索。

• 如何更好地通过评价反馈来调整课堂教学中师生责任的平衡？

课堂评价是促进课堂上教学双方形成合力、动态平衡师生责任的重要手段。评价需有据可依，以一定量化标准与维度进行考查,尤其在运用与表达阶段"共赏成果"时,如果缺乏一定的评价量表与聚焦维度,教师点评与生生互评都无法落实,难以起到改进的作用。但是,如何在课堂有限的时间内进行高效的、目标与内容都具体的评价,则需要进一步去实践探究。

• 如何更好地关注学生的个体差异,以促进学生主动学习?

在本阶段的研究中,课题组在宏观上关注了教师与学生群体的责任与角色,但对学生的个体差异关注不够。每个学生的学习风格、兴趣爱好和能力水平各不相同,我们需要进一步研究如何因材施教,满足不同学生的学习需求,激发他们内在的学习动力,让主动学习热情持续高涨。

• 如何从更多的角度激发学生主动学习的意愿?

本阶段课题组的研究主要从教师的视角出发,聚焦教师如何在阅读课堂上逐步向学生转移话语权以促进学生主动学习。一方面教师要舍得放、敢于放,但同样重要的是,学生要有意愿与能力接过教师逐步向他们转移的学习责任。如何从更多的角度与途径帮助学生认识到主动学习对他们的意义与价值,以便更好地调动学生学习的主动性值得我们进一步思考。

• ……

在这两年的行动研究中,我们面临很多挑战,也解决了一些问题。正如葛老师在课题活动指导中常说的一句话:迈小步,不停步,我们如果能够"以研究的姿态教阅读,做阅读教学的学问"(葛炳芳,2015:93),就一定会提高自己的阅读教学,解决更多的阅读教学中的实际问题。

参考文献

[1] Fisher D, Frey N . 2013. Better learning Through Structured Teaching: A Framework for the Gradual Release of Responsibility (2nd edn.) [M]. Alexandria, VA: ASCD.

[2] Holec H. 1981. Autonomy in Foreign Language Learning [M]. Oxford, New York: Pergamon Press.

[3] Lombardi D, Shipley T F , Astronomy Team, Biology Team, Chemistry Team, Engineering Team, Geography Team, Geoscience Team, Physics Team. 2021. The curious construct of active learning [J]. Psychological Science in the Public Interest. 22/1: 8-43.

[4] O'Loughlin M. 1992. Rethinking science education: Beyond Piagetian constructivism toward a sociocultural model of teaching and learning [J]. Journal of Research in Science Teaching. 29/8: 791-820.

[5] Pearson P D, Gallagher G. 1983. The instruction of reading comprehension [J]. Contemporary Educational Psychology. 8: 317-345.

[6] Webb S, Massey D, Goggans M, Flajole K. 2019. Thirty-five years of the gradual release of responsibility: Scaffolding toward complex and responsive teaching [J]. The Reading Teacher. 73/1: 75-83.

［7］蔡红. 2024. 主动学习视域下英语阅读课堂教师角色的实现路径［J］. 教学月刊·中学版（外语教学），5；25-30.

［8］盖立春，郑长龙，靳莹. 2015. 课堂教学行为的微观结构与学生认知状态的演化类型［J］. 教育理论与实践，35/17；50-52.

［9］葛炳芳. 2013. 英语阅读教学的综合视野：内容、思维和语言［M］. 杭州：浙江大学出版社.

［10］葛炳芳. 2015. 英语阅读教学的综合视野：理论与实践［M］. 杭州：浙江大学出版社.

［11］葛炳芳. 2023. 回归课堂：以自主学习撬动英语课堂教学改进［J］. 教学月刊·中学版（外语教学），Z1；3-9.

［12］葛炳芳. 2024. 促进学生主动学习的英语阅读教学：内涵、活动设计要点及思考［J］. 教学月刊·中学版（外语教学），Z1；51-57.

［13］何克抗. 1997. 建构主义的教学模式、教学方法与教学设计［J］. 北京师范大学学报（社会科学版），5；74-81.

［14］李秀，吴明珠，潘东梅. 2024. 英语学习活动观中指向问题解决的高中英语迁移创新类活动设计［J］. 中小学外语教学，7；1-6.

［15］李璇律，田莉. 2019. 建构主义视域下的深度学习［J］. 教学与管理，4；1-4.

［16］卢英，李涛涛. 2021. 英语学习活动观下教学设计的基点与路径［J］. 基础教育课程，6；54-60.

［17］马瑾辰. 2022. 高中英语阅读课堂读后迁移活动教学实践.［J］. 中小学外语教学（中学篇），4；54-59.

［18］唐宗. 2024. 基于基本问题的高中英语阅读教学策略探究［J］. 英语学习，7；41-45.

［19］汪向华，苏殷旦. 2024. 例析促进学生主动建构意义的高中英语阅读教学路径［J］. 中小学外语教学（中学篇），1；30-35.

［20］王文伟. 2023. 建构主义视角下促进学生参与意义建构的策略探究［J］. 中小学外语教学，12；1-7.

［21］王艳. 2015. 大学英语教师课堂角色探析——课堂话语研究视角［M］. 北京：对外经济贸易大学出版社.

［22］张楠翕. 2023. 英语自主阅读能力培养中的教师角色认知［J］. 教学月刊·中学版（外语教学），6；30-32.

［23］张淑芳. 2018. 生成性高中英语阅读教学的范式研究［J］. 教学与管理，2：116-118.

［24］中华人民共和国教育部. 2020. 普通高中英语课程标准(2017 年版 2020 年修订)［M］.北京：人民教育出版社.